菩提道次第略論

宗喀巴大師造
大勇法師講譯　法尊法師補譯
昂旺朗吉堪布口授校正

目錄

略論科判表

略論科判表

甲初、爲明法源清淨故，釋作者之重要。分三。
乙初、氏族圓滿。
乙二、本身所得功德。分二。
丙初、明博學所得教之功德。
丙二、如理修行所得證之功德。分三。
丁初、具足戒學。
丁二、具足定學。
丁三、具足慧學。
乙三、於佛教中所作之事業。分二。
丙初、於印度所作者。
丙二、於西藏所作。
甲二、爲於教授生敬故，釋法之重要。分四。
乙初、會通佛說一切經教互不相違之殊勝（重要）。
乙二、顯示一切經教皆爲教授之殊勝（重要）。
乙三、易得佛密意之殊勝（重要）。

乙四、自能滅除極大惡行之殊勝（重要）。

甲三、說聽規律。分三。

乙初、聽者之規律。分三。

丙初、思惟聞法之勝利。

丙二、於法及說法者生起承事。

丙三、正明聽之規律。分二。

丁初、除三種過。

丁二、依六種想。分六。

戊初、於己須如病者想。

戊二、於說法者作醫師想。

戊三、於教法生起藥物想。

戊四、於修行生起療病想。

戊五、於如來作正士想。

戊六、於正法眼生起久住想。

乙二、說者之規律。分四。

丙初、思說法之勝利。

丙二、於大師及法生起承事。

丙三、以如何之意樂及加行而說。略分爲二。一、意樂。二、加行。

丙四、觀機説默之差別。
乙三、完結時共作之規律。
甲四、如何以正教授引導弟子之次第。分二。
乙初、依止善知識爲道之根本。分二。
丙初、令生決定之開示。分六。
丁初、所依善知識之相。
丁二、能依弟子之相。
丁三、依止之法。分二。
戊初、意樂依止。分二。
己初、淨信爲本。
己二、念恩生敬。
戊二、加行依止法。
丁四、依止之勝利。
丁五、不依止之過患。
丁六、聰明其義。
丙二、略示修法。分二。
丁初、正明修法。分二。
戊初、正修時應如何。分三。

己初、加行時應如何。分六。
庚五、積資淨障。
庚六、三事求加。
己二、正行應如何。分二。
庚初、總修持法。
庚二、此中修法者。
己三、（依馬車為丁三）於完結時如何者。
戊二、於未修中間應如何。分二。
己初、總明。
己二、正明。分四。
庚初、守護根門。
庚二、正知而行。
庚三、於食知量。
庚四、悎寤瑜伽。
丁二、明二種修破妄分別。
乙二、得依止已修心之次第。分二。
丙初、於有暇身勸受心要。分三。
丁初、正明暇滿。分二。

戊初、明閒暇。
戊二、明圓滿。復分自他之二。
丁二、思惟大義。
丁三、思惟難得。
丙二、正取心要之法。分二。
丁初、於道總建立生起決定。分二。
戊初、明三士道攝一切教理。
戊二、顯示由三士道門次第引導之相。分二。
己初、必由三士道引導之意義。
己二、次第引導之相。分二。
庚初、正明其相。
庚二、明其要義。
丁二、正明受持心要之方法。分三。
戊初、與下士所共修心之道次第。分三。
己初、正修下士道意樂。分二。
庚初、發生希求後世義利之心。分二。
辛初、思此世不久住，起念死心。分四。
壬初、不念死之過患。

壬二、修習之勝利。
壬三、發何種念死心。
壬四、修念死之法者，應從三種根本、九種因相、三種決定之門而修習之。此中分三。
癸初、思惟定死。分三。
子初、思惟死王必來，任何法不能避免。
子二、思壽無增而無間有減。
子三、思惟雖存在時亦無修法之暇，而死必決定。
癸二、思死無定期。分三。
子初、思贍部洲人壽無定，故死期亦無定。
子二、思死緣甚多，活緣甚少。
子三、思身極危脆，故死期無定。
癸三、思惟死時，除佛法外，餘皆無益。
辛二、思後世二趣苦樂如何。分三。
壬初、思地獄苦。又分四。
癸初、大有情地獄。
癸二、近邊地獄。
癸三、寒冰地獄。

癸四、孤獨地獄。
壬二、思傍生苦者。
壬三、思餓鬼苦者。
庚二、明後世樂之方便。分二。
辛初、皈依爲入佛教之勝門。分四。
壬初、皈依之因。
壬二、依於彼因明皈依境。此中分二。
癸初、正明其境，云何應皈之境。
癸二、明應可皈依之相。
壬三、皈依之法如何。分四。
癸初、知功德。分三。
子初、佛功德。分四。
丑初、身功德。
丑二、語功德。
丑三、意功德者。
丑四、事業功德者。
子二、法功德。
子三、僧功德。

癸二、知差別者。

癸三、自誓受者。

癸四、不說有餘皈依處者。

壬四、皈依後應學之次第。分二。

癸初、各別學處。分二。

子初、遮止學處。

子二、奉行學處。分三。

丑初、敬佛像者。

丑二、敬佛經。

丑三、敬僧寶。

癸二、共同學處。有六。

子初、隨念三寶功德，數數皈依。

子二、隨念大恩而勤供養。

子三、隨念大悲。（自皈依後，勸他皈依。）

子四、啓白三寶。

子五、既知勝利，勤修皈依。

子六、守護不捨者。

辛二、生起決定信爲諸善之根本。分三。

壬初、思惟業果總相。分二。
癸初、正明思惟總相之法。分四。
子初、業決定之理。
子二、業增長廣大。
子三、業不作不得。
子四、業作已不失。
癸二、各別思惟。分二。
子初、正明十業道。
子二、抉擇業果。分三。
丑初、黑業果。分三。
寅初、正明黑業道。分十。
卯初、殺業。
卯二、盜業。
卯三、邪淫
卯四、妄語。
卯五、離間語。
卯六、粗惡語。
卯七、綺語。

卯八、貪業。
卯九、瞋業。
卯十、邪見。
寅二、輕重差別。分二。
卯初、十業道之輕重。
卯二、兼略釋具力之業門。分四。
辰初、田門力大。
辰二、依門力大。
辰三、物門力大。
辰四、意樂門力大。
寅三、釋彼等果。分三。
卯初、異熟果。
卯二、等流果。
卯三、增上果。
丑二、白業果。
丑三、別釋業之差別。分三。
寅初、引滿之差別。
寅二、定不定受差別。

寅三、決定受差別。
壬二、思惟差別相。分二。
癸初、異熟之功德及業用。
癸二、異熟之因亦有八。
壬三、思已應行止之法。分二。
癸初、總示。
癸二、別以四力淨修之法。
己二、發心之量。
己三、除邪分別。
戊二、與中士所共修心之道次第。分四。
己初、正修此心。
庚初、認定求解脫之心。
庚二、生此心之方便。此中分二。
辛初、思惟苦諦流轉之過患。分二。
壬初、釋四諦先說苦諦之密意。
壬二、正明修苦。分二。
癸初、思惟流轉總苦。分二。
子初、思惟八苦。

子二、思惟六苦。
癸二、思惟別苦。分四。
子初、思惟三惡趣苦。
子二、思惟人苦。
子三、思惟修羅苦。
子四、思惟諸天苦。分二。
丑初、欲天之苦。分三。
寅初、死墮苦。
寅二、凌懱苦。
寅三、割截苦。
丑二、上界天之苦。
辛二、思惟集諦，趣入流轉之次第。分三。
壬初、煩惱發生之相。此科中分三。
癸初、正明煩惱。
癸二、煩惱生起之次第。
癸三、煩惱之過患。
壬二、業積集增長之相。分二。
癸初、所作業積集增長之認識。

癸二、此積集增長法如何。
壬三、死與結生相續之相。分五。
癸初、死緣。
癸二、死心。
癸三、煖從何收。
癸四、死後成中有之理。
癸五、次於生有結生之相。
己二、發心之量。
己三、除邪分別。
己四、抉擇能趣解脫道之自性。此科分二。
庚初、依何等身滅除生死。
庚二、修何等道而爲滅除。
戊三、上士修心之道次第。分三。
己初、明發心爲入大乘之門。
己二、此心如何發起。分四。
庚初、依何因始能生起。
庚二、修菩提心之次第。分二。
辛初、依阿底峽尊者所傳七因果言教修。分二。

壬初、生起之次第決定。此中分二。
癸初、明大悲爲大乘道之根本。分三。
子初、明初之重要。
子二、明中之重要。
子三、明後之重要。
癸二、諸餘因果爲彼之因果法。分二。
子初、從知母至慈心以成其因。
子二、從增上意樂及發心以成其果。
壬二、正修之次第。分三。
癸初、修希求利他之心。分二。
子初、修習此心發生之根本。分二。
丑初、於有情修平等心。
丑二、修一切悅意之相。分三。
寅初、知母。
寅二、念恩。
寅三、報恩。
子二、正修此心。分三。
丑初、修慈。

丑二、修悲。
丑三、修增上意樂。
癸二、修求菩提之心。
癸三、認定修果發心。
辛二、依寂天菩薩教授而修。分三。
壬初、思惟自他換否之功過。
壬二、若能修習，則彼心即能發生。
壬三、修習自他換之次第。分二。
癸初、除其障礙。
癸二、正明修法。
庚三、此心發生之量。
庚四、依軌則受法。分三。
辛初、未得令得。分三。
壬初、從何處受。
壬二、以何身受。
壬三、受之軌則。分三。
癸初、加行儀軌。加行，即受軌前一日，上師所作所説，大抵如六加行。此中又分三。

子初、殊勝皈依。分三。
丑初、淨地設像陳供。
丑二、啓白與皈依。
丑三、皈依竟，說學處。
子二、積集資糧。
子三、淨修其心。
癸二、正行儀軌。
癸三、完結儀軌。
辛二、得已，守護不失。分二。
壬初、修學於此世發心不壞之因。分四。
癸初、修學爲猛利增長發心故，念其勝利。
癸二、修學增長於六次發心。分二。
子初、修學不捨已發之願心。
子二、修學增長。
癸三、修學已，於任何事不捨有情。
癸四、修學積集福智資糧。
壬二、修學於他生亦不離菩提心之因。分二。
癸初、修學遠離能壞之四黑法。

癸二、修學受持不壞之四白法。
辛三、犯已還淨法。
已三、發心已學行之法。分三。
庚初、發心已於學處須修學之因相。
庚二、釋方便與慧隨學一分不能成佛。
庚三、正釋於學處修學之次第。分二。
辛初、總於大乘修學法。分三。
壬初、於菩薩學處求學。
壬二、學已受菩薩戒。
壬三、受已修學之法如何。分三。
癸初、依何處學。
癸二、諸學攝於彼。分二。
子初、正義數決定。
子二、兼說次第決定。分三。
丑初、生起次第。
丑二、勝劣次第。
丑三、粗細次第。
癸三、修學之次第如何。分二。

子初、行者總修學法。分二。
丑初、學行六度成熟自佛法。分六。
寅初、布施學處。分三。
卯初、施之自性。
卯二、施之差別。分二。
辰初、對人不同之差別。
辰二、施自性之差別。
卯三、身心生起之法。
寅二、戒之學處。分三。
卯初、戒之自性。
卯二、戒之差別。
卯三、於身心生起之法。
寅三、忍之學處。分三。
卯初、忍之自性。
卯二、忍之差別。
卯三、身心生起之法。
寅四、精進學處。分三。
卯初、精進自性。

卯二、精進差別。
卯三、身心生起之法。
寅五、靜慮學處。分三。
卯初、靜慮自性。
卯二、靜慮差別。
卯三、身心生起之法。
寅六、智慧學處。分三。
卯初、智慧自性。
卯二、智慧差別。
卯三、身心生起之法。
丑二、學行四攝，成熟他有情。
子二、別學後二度。分六。
丑初、修止觀之勝利。
丑二、明止觀能攝一切定。
丑三、止觀自性。分二。
寅初、奢摩他自性。
寅二、毘缽舍那自性。
丑四、雙修之理由。

丑五、次第決定。
丑六、各別學法。分三。
寅初、學止法。分三。
卯初、修止資糧。分六。
辰初、住隨順處。
辰二、少欲。
辰三、知足。
辰四、離諸雜務。
辰五、尸羅清淨。
辰六、遠離貪欲等尋伺。
卯二、依彼修止。分二。
辰初、加行。
辰二、正行。分二。
巳初、身以何威儀而修。
巳二、正釋修行次第。分二。
午初、無過三摩地修法。分三。
未初、心住所緣前應如何行。
未二、心住所緣時應如何行。分二。

申初、明心住之所緣。又分二。
酉初、總建立所緣。又分三。
戌初、正明所緣。
戌二、明何人應緣何境。
戌三、所緣異門。
酉二、明此處之所緣。
申二、心於所緣如何住。分三。
酉初、立無過規。
酉二、破有過規。
酉三、時量。（明所修量）
未三、心住所緣後應如何行。分二。
申初、有沉掉時應如何修。又分二。
酉初、明不知沉掉之對治。又分二。
戌初、抉擇沉掉之相。
戌二、於修行時生覺沉掉之正知。
酉二、明知已不勤斷之對治。分二。
戌初、明思而滅除沉掉之法。
戌二、明生沉掉之因。

申二、沉掉離時應如何修。

午二、引生住心之次第。分三。

未初、正生住心次第。

未二、六力成辦住心。

未三、具足四作意。

卯三、修已成止。分三。

辰初、明奢摩他成未成之界限。分二。

巳初、顯示正義。分二。

午初、明得未得圓滿輕安即得未得奢摩他。

午二、明得圓滿輕安即成就奢摩他。

巳二、明有作意相及斷疑。分二。

午初、正明有作意相。

午二、斷疑。

辰二、明依奢摩他趣總道。

辰三、明別趣世間道。

寅二、學觀法。分四。

卯初、修觀資糧。分二。

辰初、總明修觀資糧。

辰二、別明抉擇正見。分三。
巳初、明染汙無明。
巳二、明彼即生死根本。
巳三、欲斷我執，當求無我見。分二。
午初、須求無我見之理由。
午二、引生無我見之方法。分三。
未初、無我見生起次序。
未二、正生二無我見。分二。
申初、抉擇人無我。分二。
酉初、明補特伽羅。
酉二、抉擇無自性。分三。
戌初、抉擇我無自性。
戌二、抉擇我所無自性。
戌三、依此顯示補特伽羅如幻。分二。
亥初、明如幻義。分二。
乾初、如幻正義。
乾二、如幻似義。
亥二、依何方便顯現如幻。

申二、抉擇法無我。分二。

酉初、即用前理破。

酉二、別用餘理而破。分二。

戌初、明緣起因。

戌二、成立無爲亦非實有。

未三、建立世俗勝義二諦。分四。

申初、分二諦之事。

申二、分別之數。

申三、分別之義。

申四、釋所分義。分三。

酉初、釋世俗諦。分三。

戌初、釋世俗與諦字義。

戌二、世俗諦相。

戌三、世俗差別。

酉二、釋勝義諦。分三。

戌初、釋勝義與諦字義。

戌二、釋勝義諦相。分二。

亥初、明正義。此中分三。

子初、明勝義之體相。
子二、次說親證勝義之情理。
子三、後說譬喻。
亥二、釋難。
戌三、釋勝義之差別。
酉三、釋二諦數決定。
卯二、觀之差別。
卯三、修觀之法。分三。
辰初、明依止修觀之義。
辰二、明彼法爲大小何乘。
辰三、正明依止修觀法。
卯四、成觀之量。
寅三、止觀雙運法。
辛二、別於金剛乘修學法。

菩提道次第略論卷第一

宗喀巴大師造
大勇法師講譯　智湛居士筆錄
法尊法師補譯　校塵空治潤
昂旺朗吉堪布口授校對

敬禮於諸至尊正士具大悲者足下

堪忍刹中自在主　補處慈尊法中王
善逝智父妙吉祥　龍樹無著佛所記
深觀廣行兩大宗　傳承諸師我皈命
爲欲易入深廣道　再以略法於此說

此論爲總攝佛法之精要。龍樹、無著二大流派之準繩，勝士趨入一切智地之法規，三類士夫所應修持，乃至菩提一切無不全備之次第也。由此菩提道次第爲門，將具堪能者，引入佛地之規律，即所說法。

如濟迦麻囉西囉寺（印度寺名）說法之軌則，先須講明作者之重要，與法之重要，及如何聽說彼法之三事。

於此菩提道次第之引導，分四：㈠、爲明法源清淨故，釋作者之重要。㈡、爲於教授生敬信故，釋法之重要。㈢、於具足二種重要之法，應如何聽受講說。㈣、如何是以正教授引導弟子之次第。

甲初、為明法源清淨故，釋作者之重要。

本論總依彌勒菩薩之《現觀莊嚴論》，又以別依《菩提道炬論》，故《道炬論》之作者，即是本論之作者，其名曰燃燈吉祥智大阿闍黎，別號具德阿底峽。

乙初、氏族圓滿。乙二、本生所得功德。乙三、於佛教中所作之事業。

乙初、氏族圓滿。如：

拿錯羅乍瓦讚云：「東方惹火地，於此有大城，名次第聚落，其中有王宮，殿堂甚寬闊，金幢以爲號，國王名善德，豐富多資財，有如支那君。王妃吉祥光，誕生三王子，蓮華藏、月藏、吉祥藏爲名。長子蓮華藏，五妃誕九子，第一福吉祥，今時具材能，亦稱達那喜。少吉祥藏者，比丘精進月。月藏序居中，現我親教是。」

乙二、本身所得功德。分二。丙初、博學所得教之功德。丙二、如理修行所得證之功德。

丙初、明博學所得教之功德。

尊者於二十一歲以內，將內外教共應明處之聲明、因明、工巧、醫藥等四，學至最極精通。又於十五歲時，聽《正理滴論》一次，即辨論折服一著名外道，於是英稱普聞。此大綽龍巴所說。爾後復於黑山道場，親近羅睺羅古達喇嘛，此喇嘛曾得喜金剛現身，金剛空行母授記，得成就者。尊者蒙此喇嘛爲授大灌頂，命名曰智密金剛。直至二十九歲時，於諸已得成就師前，修學金剛乘法。至是經教教授，通達無餘，即自意念，於諸密咒我已精諳，嗣經空行母等夢示多部密經，皆未曾睹，乃折其慢。自此以後，有諸師長及其本尊，或明或寐，而加勸請云，若出家者，能於佛法及眾生作大饒益。尊者依言，往投大眾部持律上座已修入加行位中之戒鎧大德，求請剃染，爲作和尚，令得出家。三十一歲內遍學顯教。別於《大毗婆沙論》，依止法鎧論師，於啊登打補日，研究至十二年之久。以對根本四部要典，皆甚精熟，故於各部異義，取捨之間，互有出入處，雖頗微細，亦能毫不紊亂而正了知。

丙二、如理修行所得證之功德。

三藏靈文，能攝盡一切佛教。故證之功德，亦以戒定慧三學攝之。

丁初、具足戒學。先講尊者具足比丘戒。

戒學者，定慧一切功德之所依，千經萬論之所讚。欲求證得定慧，先須具足淨戒爲增上緣。於此有三：初、具足殊勝別解脫戒者。尊者於受得比丘戒後，愛護其戒，如犛牛之愛尾，守護輕細，猶且捨命不渝，於諸重禁，夫復何說，大持律上座之稱，於焉起矣。

次、具足菩薩戒。

尊者於修習慈悲爲本菩提心之教授，雖曾多所參學，別經久時，特依金洲大師修習由彌勒、文殊，降及無著、寂天，輾轉傳來最勝教授，於自他相換之菩提心，隨得生起。由願入行，而受學處，廣修諸行，毫無違越。

最後、具足金剛乘戒。

以具觀自身成本尊之生起次第，及金剛心圓滿次第之三摩地，隨成瑜伽之尊。特別於所制禁戒，無所違越，諸三昧耶，如理守護。如上三種禁戒，非僅受時暫起勇進，亦於受後各別隨行，終不違犯。設有違越，亦疾各依還淨儀軌，除罪清淨。

丁二、具足定學。

具足定學有二：一、共者，得止中心之堪能。二、不共者，證得最極堅固之生起次第。又修禁制之行六年，或云三年。

丁三、具足慧學。

具足慧學有二：一、共者，謂得止觀雙運之觀行三昧。二、不共者，成就圓滿次第之殊勝三昧。

乙三、於佛教中所作之事業。分二。丙初、於印度所作。丙二、於西藏所作。

今初、於印度所作者。

於金剛座大菩提寺，曾經三次制諸外道，令受佛教。復於內宗上下諸部，有未達及邪解疑惑等垢，洗除令淨，增長正法。各派對之，均極愛敬，不分部類，視同頂髻。

丙二、於西藏所作。

藏人迎請尊者入藏宏法，雖經多次，均未邀允。嗣當藏王菩提光秉政時，復迭遣使延聘尊者，乃蒙降臨。依眾勸請，整理教務，著有《菩提道炬論》等，總攝一切顯密心要。前後遊住藏、衛將二十年，教化無算，凡具根器者，皆蒙利益。

如是開顯能仁之密意而造論釋。其能作者，應具三種圓滿之因：

㈠、須於所知五明處善巧。㈡、於修持之要義，須有從釋迦輾轉傳來，師師相授，中無斷缺之教授。㈢、須見本尊，得蒙印許。三者之中，雖隨具其一，亦能造論，然以全具爲最圓滿。尊者於此三種因素，完全具足。

其得本尊攝受者，如拿錯羅渣瓦讚云：「具德喜金剛，建立三昧王，勇識世自在，尊勝度母等，蒙現身開許。夢中或現前，深廣微妙法，尊者常得聞。」

喇嘛傳承者。佛教之傳承有二：即共中下士道之小乘教法，與不共之大乘教法。大乘教中，又分波羅密多乘與金剛乘。初又分三支：即深觀一派，與文殊、彌勒二廣行派是。金剛乘中，復有各種傳承，皆已獲得圓滿。（《廣論》云：師傳承分共乘及大乘。大乘中，又分般若乘及密咒乘。而般若乘中，復有三種傳承：謂見行二傳承。行傳承中，復有從慈尊及妙音傳承。於密咒中，復傳承非一。謂五派傳承，復具宗派傳承、加持傳承，及種種教授傳承等。）

其曾親近之善知識，如讚云：「常得依止師，馨底巴、金洲，覺賢吉祥智，多得悉地者。別自龍樹來，一一遞相承，深觀及廣行，教授尊者有。」如是善知識中，得成就者，共稱十二，餘者亦多。通五明者，略如上說。故此闍黎善能抉擇佛之密意。其弟子中最著名者，印度則有比朵巴、法生慧、中道獅子、地藏密友等。藏中堪能繼持法藏者，頗不乏人，其最能紹承增廣師之事業者，當推仲登巴爲上首。以上略釋作者之重要，詳如尊者本傳所明。（此節原記散亂，後閱阿底峽傳得大略，茲爲閱者易於瀏覽故，就原文補纂如此，是否，尚待智者證之。）

甲二、為於教授生敬故，釋法之重要。

法者，此教授之根據，爲《菩提道炬論》。而《道炬論》爲尊者一切述著中之根本。以能總攝顯密要義故，所說圓滿。以能調心爲次第故，易得受持。以能善巧性相兩宗，嚴飾二師教授故，勝其餘軌式。

欲明此《炬論》教授之殊勝，當分四科。如下：（教授二字，即謂成佛之便。）

乙初、會通佛說一切經教互不相違之殊勝（重要）。乙二、顯示一切經教皆為教授之殊勝（重要）。乙三、易得佛密意之殊勝（重要）。乙四、自能滅除極大惡行之殊勝（重要）。

乙初、會通佛說一切經教互不相違之殊勝。

盡佛所說一切法，須知皆是爲一補特伽羅成佛之道。彼亦隨應或爲道之主幹，或爲道之支分。菩薩所求，爲利世間。其所化導，亦須攝受三種種姓，故於彼等道品，皆應修學。知三乘道者，是成就菩薩所求之方便，此乃慈氏所說也。於大乘道中，有共不共二種，共者，即聲聞三藏是。不共者，唯求自一身寂靜之意樂及不共制罪等是。復次，佛者，過無不離，非僅斷其一分，德無不圓，非僅成其一品。上士發心，志求佛果，當滅一切惡，集一切善。故餘乘一切斷證功德，皆爲大乘道中所攝。是故上士皆當修學。

或謂修密乘人，毋須如此，斯不應理。密乘雖不如波羅密多乘，於布施等以無量分別而修學，然於發菩提心，修六度行，道之大體，是所共同。《金剛頂經》云：「縱遇捨命緣，勿捨菩提心。」又云：「六種波羅密，任何不應捨。」餘密典中，亦多此說。無上瑜伽之儀軌教典亦皆云：「應受共與不共之二種戒律。」共者，即菩薩戒是。仲登巴云：「我之喇嘛，是以四方大道而持一切教法者。」此語乃察見其要也。

乙二、顯示一切經教皆為教授之殊勝。

或謂佛說大部經文，是講說法，無修持之要義。其有關修行之心要，須於餘處別求教授。如斯執者，能於無垢經論，作生敬重障難，當知是集謗法業障。蓋於諸求解脫者，眞實不虛之殊勝教授，實爲諸大經論。然我等劣慧鈍根，不堪直接依止經論，須依善知識口傳，漸次研尋經文大義乃易通達。勿執諸經論無益修持，而固守淺鮮教授。

如菩提寶云：「若深入經教之人，不以少許經函，謂得決定。當知一切佛語，皆爲教授。」

又修寶云：「阿底峽之教授，於一座上身語意三，碎爲微塵，始知一切佛語，皆爲教授。」

至仲敦巴則云：「若多學經已，復從他處另求餘種修行法規者，是爲錯誤。」

又《俱舍》云：「佛正法有二，教證以爲體。」如斯所言，一切佛法，不出教證二種，教者，正爲抉擇修行之法軌，證者、如所抉擇而起修，是彼二者，勢成因果。有如馳馬，先擇馬場，場所既定，轡勒乃施。倘於一處先習聞思，別於他方另求修證，異道以馳，如何而可。

《修行次第末編》，爲顯斯意，出喻如上。

故本論自依止善知識起，以至修習止觀，總爲顯示一切經論皆爲教授，諸邪分別，遺無遺餘。

乙三、易得佛密意之殊勝。

諸廣經論，雖皆爲殊勝教授，然在初業有情，若弗先依現前人師之教授，雖欲直入於彼等而不得密意，即使有得，亦須觀待長久時間功力，倘能依茲《道炬論》，及與《道炬》相類之著述，當速獲通達。

乙四、自能滅除極大惡行之殊勝。

如《法華經》及《寶積經諦者品》，皆詮一切佛語，以權實二意示成佛之方便。倘不解此，妄分勝劣，謂某也大乘所當學，某也成佛之障礙所當棄。如斯邪謬，當成謗法。謗法業障，細微難知，過患尤重。《三昧地王經》云：「縱毀贍部洲，一切佛塔廟，較之謗法罪，多分不及一。恆沙阿羅漢，一時頓殺卻，較之謗法罪，多分不及一。」

總之，能生謗法業之因，雖有多門，而無知妄說，最爲易犯。智者於此，當努力斷滅。

但於前所說，能生決定知，自能滅除謗法惡行。此之決定，若多讀《諦者品》及《法華經》，即能獲得。其謗法餘門，更可於《集一切研覈經》中求之。

甲三、說聽規律。分三。乙初、聽者之規律。乙二、說者之規律。乙三、完結共作之規律。

乙初、聽者之規律。分三。丙初、思惟聞法之勝利。丙二、於法及說法者生起承事。丙三、正明聽之規律。

丙初、思惟聞法之勝利。

《聞聚》——（法尊法師所譯《朗忍》略本，改作「《聽聞集》」）云：「多聞能知法，多聞能遠惡，多聞捨無義，多聞得涅槃。」

此頌謂依於聞法，如其次第，能知取捨處，知已，乃持止惡之戒，以遮止無益已，則心安住於善所緣，自能發生定也。

次以通達無我眞實之慧，斷世間繫縛根本，遂得解脫。《本生經》

云：「若人由聞起正信，當成堅固妙歡喜，慧生愚癡即當無，雖貨（賣）自肉亦應理。聞爲破暗之明燈，賊所難劫殊勝財，是殺癡暗仇人劍，教示方便勝伴侶，雖貧不棄是親友，無損療除憂病藥，摧大罪軍勝眷屬，復是勝名德珍藏，上流相遇好贈品，衆中英俊所愛樂。」又云：「聞後以修爲心要，少功即脫生死城。」於諸聞法勝利等，數數思惟，應當發起勝解。（又有譯成：於聞生勝解，方能發生精進心。）

丙二、於法及說法者生起承事。

如《地藏經》云：「專以信敬而聽法，於彼不應生譏謗。說法師前興供養，於彼當生如佛想。」視之同佛，當以獅子座等恭敬利養而行禮供，斷除不敬。

又《菩薩地》云：「當離高舉與輕懱，於法與說法人二者應當敬重。」

又《本生經》云：「當處（住）極下座，生起調伏德，喜眼而瞻視，如飲甘露語。敬重專一禮，淨信無垢意，如病聽醫言，起承事聽法。」

丙三、正明聽之規律。分二。丁初、除三種過。丁二、依六種想。

丁初、除三種過。

若器口下覆，或器雖仰而內不潔，或內雖潔而下有罅，縱天降雨，必不能受，或雖受得，為染所污，不堪飲用。或雖不染，漏而弗住。如是雖臨法會，若不屬耳而聽，或雖屬聽而起邪執，或發起意樂有過。或雖無彼等諸（過）失，若於所聞文義而不堅記，以妄念等而失壞。如是聞法，不能得大利益，故當離此諸過。為治彼三過故，經中常說：諦聽諦聽，善思念之。對治不淨，切勿忘失。

又《菩薩地》云：「以欲知一切，及專注一境，屬耳注意，如理思惟而聽。」

丁二、依六種想。分六。戊初、於己須如病者想。戊二、於說法者須如醫師

想。戊三、於教法生起藥物想。戊四、於修行生起療病想。戊五、於如來須作正士想。戊六、於正法眼生起久住想。

戊初、於己須如病者想。

如《入行論》云：「雖遭尋常病，猶須依醫言，況復貪等罪，百病恆逼逐。」以貪等惑，恆時難療。感生極苦之病，長夜痛惱，於彼應識。

噶當派格西迦馬巴（此迦馬巴與噶居派之噶馬把係兩人。）云：「無而謂有，固是顛倒。今有三毒重病，而且極其猛烈，曾無所知，豈不更爲顛倒。」

戊二、於說法者作醫師想。

吾人若患風、膽等重病，勢必尋求良醫。既得良醫，起大歡喜，隨言而聽，恭敬承事。於說法師亦當如是。訪求得已，如教而行，恭敬承事。

戊三、於教法生起藥物想。

猶如病者，於醫師所配之藥方，深生珍重。學者於說法師教授教誡，亦應認爲重要，勵力珍持，勿以妄念違背而失壞之。

戊四、於修行生起療病想。

亦如病者自知不服醫方，病不能瘳，即便飲用。於說法所示之教授，若不修行，終不能摧伏煩惱，故應殷重修持。

又如久病惡癩，斷手殘足，一二劑藥，誠無所益。吾人從無始來，長處惑業重病（惑染重病），於其教授，略修一二次，不可遂以爲滿足。如《懺讚》云：「心於諦理恆愚癡，病根長夜相依附，譬彼惡癩斷手足，僅服少藥有何益。」是故於己作病人想，甚爲緊要。此想若具，餘善可生。倘唯形於言談，不務眞實修習教授之義而斷除煩惱，亦僅獲得聽聞而已。

如病不服藥，病終不能愈。此《三昧王經》之所言也。《三昧王經》又云：「我雖已說微妙法，汝聞若不正修習，如諸病者負藥囊，自身疾病無能瘳。」《入行論》云：「身當依教修，徒說有何益。如僅讀藥方，於病有濟否。」故應殷重起除病想。言殷重者，謂依上師教授諸取捨處而爲受持。於作須知，於知須聞，聞已，應於要點努力奉行。故於所聞義，隨力修行，最關緊要。

若非然者，臨命終時，必多追悔。如俳優人，一向作他人像，與己何干。又如本欲食蔗糖，唯嚼其皮耳。如《增上心經》（《略本》譯爲《身心教誡經》，《廣本》作《勸發增上意樂經》。）云：「我無修行今云何，臨終而作嬰兒（凡愚）憂，未獲心要極苦惱，此是徒愛言說失。」又云：「如處觀瞻俳優內，演述他人勝功德，自身修行既失壞，徒矜口利成此過。」又云：「甘蔗之皮無心要，所樂之味在其中，若人僅嚼蔗皮者，蔗糖美味無從獲。是故徒說如蔗皮，能思法義如嘗味，以是須斷徒樂說，常不放逸思法義。」

戊五、於如來作正士想。

隨念說法者如薄伽梵，生起敬重。

戊六、於正法眼生起久住想。

依於聽聞如斯法已，作是思念，云何能使如來教法久住於世。復次，無論說法聽法，若將身心置於餘處，不與法合，則任說者隨說何種，皆無有益，必須爲自身心抉擇而聽。譬如欲知自面有無垢穢，照鏡知已，而除其垢。自行之過惡，於法鏡中畢現，心生熱惱。除過修德，須隨法行。《本生經》云：「我之惡行垢，法鏡能照澈，於意生熱惱，我當趨於法。」

總之我爲一切有情事故，求得作佛。欲得佛果，當修其因。故須聽聞正法，憶念思惟發菩提心。既知聽聞勝利，須起勇猛，斷覆器等過，而爲聽聞。

乙二、說者之規律。分四。丙初、思說法之勝利。丙二、於大師及法生起承事。丙三、以如何之意樂及加行而說。丙四、觀機說默之差別。

丙初、思說法之勝利。

《俱舍》云：「無染行法施，如經而宣說。」彼自釋云：是故若諸邪妄說法，及染污心希求利養恭敬名聞而宣說者，彼等皆壞其大福利。故說法者，發心清淨最爲重要。

昔恭巴云：「余未嘗有一次不先修無常而後說法。」若不顧視利養等而行法施，當生兩聚二十種勝利，如《勸發增上意樂經》廣說。

《具威猛經》云：「一俗人以無量布施，若說一四句偈，其功德尤爲殊勝。」（勇譯脫此經，爲一居士所問而說。）

丙二、於大師及法生起承事。

佛中轉法輪，在靈鷲峰說《般若》了義經時，自敷法座，可見法者，猶是諸佛恭敬之田。故當念法與大師之功德及恩惠，生起恭敬。

丙三、以如何之意樂及加行而說。略分為二。一、意樂。二、加行。

第一、意樂。如《海慧請問經》中說，住五種想。謂自作醫師、法如藥物、視聽者如病人、視如來是正士、願法久住。此五想之外，並於眷屬修慈心。

更須斷除恐人勝己之嫉妒，及推後之懈怠，與數數宣說之疲厭。揚己之長，彰他之短，於法生吝，希求衣食財物等過。當作是思惟，爲自他得成佛故，以今說法所獲清淨福德，爲我安樂資具。

第二、加行。須澡浴清淨，著鮮潔衣。於清淨悅意之處，敷設法座。坐已，誦降魔咒。法會方圓百由旬內，魔不能侵。縱有竄入，亦不能作障礙。此《海慧問經》中所說。

既誦咒已，舒顏悅色，具市足定義，支分，譬喻，理由，教証而爲宣說。

丙四、觀機說默之差別。

如《戒經》云：「不請不當說。」謂不啓請，不應宣說也。

雖然啓請，亦當觀其根器，若知是器，雖未勸請，亦可爲說。此

《三昧王經》所言也。

諸餘威儀，如律廣明。

乙三、完結時共作之規律。

於說聽之諸善根，當發普賢行等淨願印定之。能如是作，則每說聽一次，決定能生經中所說之諸勝利。且依此說聽要規，先時所集輕人賤法一切罪障，悉得消滅，亦能遮止新造諸惡。

昔諸善士皆注重此事，而本論前代傳承諸師尤加虔誠。倘於此節未獲定見，心未轉動，則任廣說何種深法，如致本尊變魔，即彼妙法亦成煩惱助伴。事例實亦多矣，可謂從初一錯至十五。諸具慧者，於此說聽規律，勉勵以學，當知此於諸教授中最爲殊勝前導。

甲四、如何以正教授引導弟子之次第。分二。乙初、依善知識為道之根本。乙二、得依止已，修心之次第如何。

乙初、依止善知識為道之根本。分二。丙初、令生決定之開示。丙二、略示修法。

丙初、令生決定之開示。

於弟子身心中，但能生起一分功德，損減一分過失，以上一切安樂妙善之根本，皆由善知識教導之力。故於最初修依止法，極爲重要。

丁初、所依善知識之相。丁二、能依弟子之相。丁三、依止之法。丁四、依止之勝利。丁五、不依止之過患。丁六、總明其義。

丁初、所依善知識之相。

諸經論中，就各各乘雖有多說，然此處所示，乃爲須於三士道漸次接引而導至大乘佛地之善知識也。

《莊嚴經論》云：「知識須具戒、定、慧、德勝、精進、教富饒、通達眞實、善說法、悲憫爲體、斷疲厭。」此謂爲弟子者，須求得一具足十德之善知識而依止也。

若自未調伏而能調伏他者，無有是處。彼調御他人之師，先須自能調伏。

若爾，云何以自調伏耶。倘隨分修習，於身心有一分證德之名者，不能眞實饒益於他。須隨佛教總相，如戒定慧三學，以調伏身心。彼調伏者，即是戒學。

如《別解脫經》云：「心馬難制止，勇決恆相續，別解脫如銜，有百針極利。」當如調馬之師，以堅利之銜勒，調伏根隨邪境。如調野馬，制伏其所不應行。於應行處，努力進趨。由學此戒，則能調心。

具定者，謂於善惡行之止作，依於正念正知，心內寂住，定學隨生。具慧者，謂依於止，觀察眞諦，淨慧即發。

如是雖具三學證德，尚嫌不足，復雖博通三藏，具足多聞。如格西仲登巴云：「大乘師者，須任說一事，皆能貫通無量經義。正修持時，了知三學之差別功能，成何利益，現於所化之機，其心行爲何狀況。」通達眞實或教理者，謂以勝慧達法無我，或由現量證得。此若未能，即以教理而能通達者，亦可。

又雖通達教理，若功德劣於弟子，或僅與相等，亦爲不足。故爲師者須具勝於弟子之德。《親友書》云：「所依遜己反成退，平等相依住中流，依較勝者獲勝德，是故當依勝己者。具戒得寂定，以及殊勝慧。若依此勝師，當超此勝者者。」如普穹瓦云：「我聞前輩傳記時，自然生起向上心。」又塔懿（噶當格西）云：「惹眞寺諸尊宿，爲我及諸後學視線所集。」故善知識之功德，有須勝於己之必要。

如上之六德，僅爲師者成熟自利之相。其餘則爲攝受他之功德。如云：「佛非水洗衆生罪，亦非手拔有情苦，非將己德移於餘，唯爲說法令解脫。」（六德，即戒定慧與德勝，教富饒，達眞實之六者，蓋將精進益於後。）如頌所言，善知識欲成熟他人，除爲開示正法，令其隨順修持之外，更無以水洗罪等事也。彼四法中之善說法者，謂於引導弟子之次第善巧。復能將己法義，運入於所化有情心中。

具悲憫者，即說法之意念清淨，非為名利承事。博多瓦呼井拏瓦（敬俄瓦）（井拏瓦和敬俄瓦，恐係一人，譯音稍異。）曰：「里抹補（列摩子），（里抹補和列摩子，可能也是譯音稍異。）我隨說幾許法，未曾一次自覺善哉，但觀眾生無不是苦惱者。」

言精進者，謂作他義利，堅固勇悍也。

斷疲厭者，數數宣說，不生疲倦，能忍宣說之難行故。

博多瓦云：「具三學，通真實及有悲心，五者為主。我漾尊滾阿闍黎，既無多聞，難忍疲厭，聞者不解其言。但以具前五德故，凡親近者皆得受益。」又寧敦師，不善辭令，縱為施主咒願一次，人莫解其所謂。然以具足五德，亦能饒益徒眾。

彼眾德全具之師，處此末法，雖不易得。但亦莫依過失增上，及功過相等者，必須依止功德較增上者。

然師為萬善之根本。諸欲依師修心者，當知彼師應具之相，勵力訪求。而欲為弟子作依止者，於具彼諸相之因，亦當勉焉。

丁二、能依弟子之相。

《四百頌》云：「質直、具慧、求法義，是則名爲聽法器，不將說法師功德，執爲過謬聽亦然。」謂能依者相，具斯三德，可稱法器。則不但不將說者功德執爲過失，亦不將聽者功德執爲過謬。器相若缺，則師雖極清淨，以弟子自身有過故，必至見爲過失。或將說者之過失，復執爲功德焉。言質直者，謂不墮黨類。若爲墮類所蔽，則不能察見功德，亦不能獲善說之義。

如《中觀心論》云：「以墮類故心熱惱，終無通達寂滅時。」墮類，謂分派別，貪愛於自之一類一派，及瞋惱於他人之一類一派。當觀自心，有則改之。

雖能住質直，若無分別善說正道，惡說似道之慧力者，猶非其器。故又須具有了解彼二之慧也。

又雖有住質直、具慧二相，然不能如教而修，仍非其器。故須具求法意樂也。釋中又加入敬法及師，善攝心聽二事，爲五。實則求法義利、善攝心聽、敬法及師、取捨善惡之四種也。以第四之取善說，即具慧。捨惡說，即住質直也。

自審可受師長引導能依之諸相爲全與不全，若全，則歡喜進修。若不全，後當徐於求全之因，加功努力焉。

丁三、依止之法。

依止法如何者，如是具能依相堪爲法器者，當觀其師於上說之相具足與否，若具相者，可受法乳。其依止法分二：

戊初、意樂依止法。戊二、加行依止法。

戊初、意樂依止。分二。己初、淨信為本。己二、念恩生敬。

己初、淨信為本。

《寶炬陀羅尼經》云：「信爲前導有如母，出生長養諸功德。」謂以信故，能令功德未生者生，已生者安住，輾轉向上增長也。《十法經》云：「以何到佛地，信爲殊勝乘。是故具慧者，當隨淨信修。於諸不信人，不能生白法。如火燒種子，豈復發青芽。」

此謂從行止門中，信爲一切功德根本也。總則對於三寶業果四諦等生信，有其多種。此中所言之信，蓋信於師也。

然則對師應如何而信耶。《金剛手灌頂經》云：「秘密主，學人於阿闍黎，應作何觀，當視如佛。」諸大乘經及律藏，皆作是說。此義云何，謂常人於佛，皆不致生起尋過之心，而能思其功德。於師亦應爾。故須視師是佛。

前經又云：「當持師功德，無尋師過失。觀德得成就，察過不得成。」設以放逸心或煩惱熾盛等過，忽起尋過之心，應當勵力懺改防護。如是修習，縱見稍有過失，以念德心盛故，亦不能障礙其信心。

如阿底峽見解爲中觀派，金洲大師見解爲唯識派，就見而論，雖有勝劣。然大乘道之次第及菩提心，皆依彼學得。故認金洲爲其諸善知識中，法恩最大，無可比對者。

己二、念恩生敬。

《十法經》云：「於久遠馳騁生死中尋求我者，（令我得知久遠時來流轉生死）於長夜癡暗睡眠中醒覺我者。於陷溺有海拔濟我者。於三界牢獄解放我者。我入惡道，示以善道。我有疾病，爲作良醫。我爲貪等猛火所燒，爲作雲雨而息滅之，應如是思惟。」

《華嚴經》云：「我此善友說法人，諸法功德爲開示，菩薩威儀總爲說，一心思惟而來此。能生善行如我母，哺功德乳如乳母，菩提支分教修習，此諸知識遮損惱。解脫生死如妙藥，亦如帝釋降甘霖，令我增善如滿月，開顯涅槃似日明。心於怨親固如山，亦如大海不蕩動，救護一切如船師，善財如是思惟來。菩薩令我發大心，佛子令起求菩提，我此知識佛所讚，以是善心而來此。救護世間如勇士，又如商主衆所依，與我安樂開慧眼，以此善心事知識。」

吾人參謁善知識時，應念此偈頌辭句，但將善財換爲己名誦之。

戊二、加行依止法。

《事師法五十頌》云：「此何須繁說，隨師喜當作。不喜者悉止。於彼彼勵力，成就隨闍黎。持金剛親說，知已於一切，師喜悉當作。」（悉敬奉師長。）

總之，師喜者作，不喜者勿作，是也。師所喜應作者，分三門，謂內外財供，身口給侍，如教修行也。

又《莊嚴經論》云：「當以財利及承事，如教修行依知識。」其中初者，如《五十頌》云：「又復於師所，樂行於喜捨，不吝於己身，何況於財物。」

又云：「若於灌頂師，三時伸禮奉，則為已供養，十方諸如來。」

其次，身口給侍。謂洗擦、塗香（按摩）、侍疾、稱揚功德等，名身口給侍。

三、如所教授，不違修行是（乃最殊勝供）。三門之中，此為主幹。

《本生經》云：「報恩供養者，謂如教修行。」

丁四、依止之勝利。

由如法依止善知識故，得近佛位，諸佛悅豫，常遇善知識，不墮惡趣，速斷一切煩惱惡業，不背菩薩行，常具正念，功德資糧漸漸增長，成辦現前究竟一切義利。

復次，敬事善知識者，則先時所積當受惡報之業，能於此世身心少感不安，或夢中稍受微苦，即可轉滅令盡。此之善根，較諸供養無量佛陀，尤為超勝。勝利之大如是也。

丁五、不依止之過患。

若不如法依師，此世易為病擾，或為魔侵，後世墮於惡趣，感受無量苦惱。《五十頌》云：「勿令阿闍黎，少分生煩惱。無智相違背，定入阿鼻獄，受種種極苦。說之深可怖。由謗阿闍黎，於中常止住。」

昔印度克珠大德先登巴云：「但聞四句偈，若不奉為師，百世生犬中，復當生賤族。」（此偈勇譯誤爲經說，當更正。）
復次，諸未生之功德不生，諸已生者失壞。常與不善知識及惡友爲侶，亦令功德損減，過失增長。生出多種不可愛樂之事。故於一切能感苦果之因，悉應斷之。

丁六、聰明其義。

須知，共所稱許之喇嘛瑜伽教授者，即如上說。若僅少次緣念，殊嫌不足。必行者心生決定，於具德引導不錯之善知識，應長時依止。
如伽喀巴（噶丹格西）云：「於依師時，恐有所失而折本。」蓋不知依止法，將無利而有虧損，此依師法（故如法依師），比較餘法尤爲重要。以其爲究竟利樂之根本故。我輩煩惱粗重，又不知事師法，或知而不行，多生衆罪，此須努力懺改防護。誠能如是，不久當如常啼菩薩，及求善知識無厭足之善財矣。

丙二、略示修法。分二。丁初、正明修法。丁二、明二種修破妄分別。

丁初、正明修法。分二。戊初、正修時應如何。戊二、未修間應如何。

戊初、正修時應如何。又分三。己初、於加行應如何。己二、於正行應如何。己三、於完結時應如何。

己初、加行時應如何。

金洲大師所傳加行六法，謂：一、於住處整理潔淨，陳設佛像。二、端嚴陳設無諂供品。三、於安樂座端身跏趺，或半跏趺坐，至誠發起歸依之心。四、於面前虛空中，觀想深廣二派傳承師長、諸佛菩薩、緣覺聲聞，護法諸天，無量安住，分明顯現。五、對於助道順緣，障道違緣，若不積懺，道則難生。而積懺方法，以七支行願，最為扼要。彼中初於禮敬支，有三門總禮者，即「所有十方」等一頌是。謂非僅禮一方一世之佛，須緣十方三世一切諸佛，由決定心，運用清淨三業，恭敬而禮。

一、禮敬支。即：

三門各別禮敬中，初身禮。即「普賢行願」等一頌。謂先緣十方三世一切諸佛，復觀自己化身無數，量等剎塵，而行禮敬。此須於彼普賢行願，起信解力，乃能發起。次，意禮。即「於一塵中」等一頌。謂一一塵中，皆有一切刹塵數佛，在菩薩衆中，須生起隨念彼等功德之勝解而禮。次，語禮。即「各以一切」等四句頌。當觀自己一一身有無量頭，一一頭中有無量舌，一一舌中出無量妙音聲，讚佛功德。海者，是極多意。

二、供養支。共三頌，前二為有上供，後一為無上供。即：

有上供養者，「以諸最勝」等二頌是。妙華者，謂人天上妙奇花。鬘者，用各種散花配合連綴而成。此二者，或係實花，或係倣造。伎樂者，有絃器等之音也。塗香者，謂妙香泥是。最勝傘蓋者，即蓋中之殊勝者是。燈者，謂香油等燈，及能放光之寶珠等。燒香者，指和合或純一之香料。最勝衣服者，乃衣中之華美者是。最勝香者，謂能放香氣遍滿三千世界之香所摻合之香水是。末香者，香粉也，亦可燃燒。以此堆積，造成壇場，更加彩畫，量等須彌者是。

次，無上供養者，「我以廣大」等一頌是。其有上者，即世間之供物，此乃菩薩等，以神力變成者。此中後二句，凡上二所陳，有欠缺者，一切加之，此是顯示禮敬供養等之心與境故。

三、懺悔支。即：

「我昔所造諸惡業」等一頌。是依三毒為因，以身等三為根事，（根，謂依身口意，為發業之根門；事，即三門所造十不善道「業」。）其罪性者，謂由我造。此中復分親身正所造作，或教他作，或隨喜他作，如是一切，盡其所有，總集懺洗，追念過失，生愧悔心，斷絕後流，精勤防護，誓當滅之。

甲四、正教授弟子引導之次第如何。分二。

乙初、依止善知識為道之根本。分二。

丙二、略示修法。分二。

丁初、正明修法。分二。

戊初、於正修時應如何。分三。

己初、於加行應如何。分六。

庚五、積資淨障。

四、隨喜支。即：

「十方一切諸衆生」於五類有情所有善業，皆生起隨喜之心。

五、請轉法輪支。

即「十方所有世間燈」一頌是。十方刹土一切諸佛，最初證得大菩提時，我願化身如彼數量，盡其所有一一佛前，悉皆殷勤勸請說法。

六、請住世支。

即「諸佛若欲示涅槃」一頌。十方諸佛將欲示涅槃時，爲令衆生獲得利益安樂故，請求諸佛住刹塵劫，莫入涅槃。

七、迴向支。

即「所有禮讚供養佛」一頌。以前六支，所積一切善根，皆悉回向一切有情爲作證得菩提之因。以猛利欲樂而爲祝願，令其無盡。如此依上諸頌，了解其義，如說思修，心不散亂，緩緩念誦，當得無量福德之聚。

庚六、三事求加。

又禮敬、供養、請法、勸住、隨喜等五支，即是積集資糧，懺悔支是淨除業障，隨喜支中，復有一分對自所修善生隨喜心，令其增長。回向支者，即將所積所淨所增長諸善，雖極微少，滙成衆多。現所受樂，雖將終盡，亦能令其綿延無窮。總可合爲積資、淨障、增長無盡之三種。六於所緣境，觀想明晰，而獻壇供，請求加被，願滅除不敬善知識等一切顛倒心，速疾生起恭敬善知識等正清淨心。摧伏一切內外障難，須以猛利欲樂，多次祈求焉。

己二、正行應如何。分二。庚初、總修持法。庚二、此中修法。

庚初、總修持法。

所謂修道者，即於善所緣，如欲而能令心安住之謂也。若於所緣隨意修習，依自己所想之數目與次第而修者，從初即養成任意之習慣，將至一世之善行無成，反成有過。故最初無論修習何種所緣，應決定其數目次第。此後應起猛利堅固之心，以自克服，務令如其所預定而修，於此定課，不得輕易增減，隨時變易。須具足正念正知而修習之。

庚二、此中修法者。

先修依止之勝利，及不依止之過患。次，多起防護，絕不放任，令有尋求師過之心。盡我自己所知，師之戒定慧等德，數數思惟，乃至淨信未生以來，恆修習之。此後又念於己已作當作種種利益之恩德。如前所引經說，乃至心中恭敬未生起之間，而修習之。

己三、（依馬車為丁三）於完結時如何者。

所積諸善，由普賢行願，或以淨願七十頌等，於現在究竟諸所應希願處，以猛利欲樂而回向之。

如是每日上午、下午、初夜、後夜，四次修習。初修之時，如其太久，易為沉掉所擾，若於此串習，將來糾正甚難，故須時間短少，次數增多，稍留餘趣，俾引起下次欲修之心。否則將一見座位，便生厭嘔，必待修習稍熟，乃可漸次延增。於一切所緣，務令不急不緩，離過而修，則障難鮮少，疲勞昏沉等，皆能息滅也。

戊二、於未修中間應如何。分二。己初、總明。己二、正明。

己初、總明。

禮拜、經行、念誦等等，雖有多門，其主要者，若僅於正修時精進，未修間，則於其所修法不住念知，多諸散亂者，則生效甚微。故雖未修之際，亦應讀誦觀覽關於此類之教法。並數數憶念之，廣修助道順緣，勤懺障道罪垢，且於一切之根本，即本所受之戒，宜善護持。

己二、正明。分四。

復應於止觀易生之四因，善修習之。

庚初、守護根門。

謂依於根塵生六識已，再於識所了別之悅意六境及不悅意六境，生貪瞋時，當好自防護，莫令生起。

庚二、正知而行。

如《入行論》云：「身心於時時，應數數觀察，專務於此者，即護正知相。」此謂身等於彼彼事轉時，須依正所了知之應作不應作而行。

庚三、於食知量。

改正過多過少違量而食之串習，總以無礙修善爲度。又修於食愛著之過患，以無染心，及爲饒益施者，並念身中諸蟲，現以食物攝受，俾未來世亦得以法攝而化之。又念，爲作一切有情義利，而受此食。

《親友書》云：「受餐如服藥，知量去貪瞋，非爲肥驕傲，但欲任持身。」

庚四、悎寤瑜伽。

勤行悎寤瑜伽，及睡眠時應如何者，《親友書》云：「精勤度永日，及初後夜分，眠夢猶存念，勿使命虛終。」謂晝夜永日，及夜之初後二分，是正修時，若修習之餘，在經行宴坐中（應以精勤），淨除五蓋，令其具義利也。睡眠者，係休息時，雖然，亦勿令其無義空過。

此中身之威儀者，於中夜時，右脅而臥，左腿壓右上，如獅眠伏。云何正念，謂安住正念，於晝日中所修何種善法，隨熏習力強者，而繫念之乃至未睡之間，追隨依止，如是雖睡還同未睡，亦能修習定等善行。

惑起覺知者，依憶念之力，任起何種煩惱，即須了知，而不忍受，務令伏斷。

思惟起想者，先可預想至彼許時，當起。

如上所言之一切修法，唯除正行中之少分不共者外，餘之加行、正行、完結及座隙等中當如何作者。自此段起，乃至修觀，勿論修習何種所緣行相，於一切處皆應加入焉。

丁二、明二種修破妄分別。

《莊嚴經論》云：「初依聞起如理思，從如理思淨慧生。」言從於所聞諸義，如理作意中，而生顯現通達眞實諦理之修所成慧也。《現觀莊嚴論》云：「隨順抉擇分，於見道修道，數數而思惟，現及比修道。」此言大乘聖者所修道，有數數思惟，現量比知也。《集菩薩學論》云：「如是身及受用福德，常無間斷，於捨護淨長，如其所應，均應常修。」此言身及受用善根三者，於一一中，須修捨護淨長四法。所言修中，有以分別慧觀察而修觀，及以不分別專一安住而修止之二種也。

若爾，何道爲修觀，何道爲修止耶。曰：如對善知識修信心，及暇滿大義難得，念死無常、業果、流轉過患、發菩提心等，皆須修觀。蓋於此等段落，各須一般重無間，能轉素常思想之心，彼若無者，則此等之反面，如不敬等，無能滅故。於此不敬等心生起時，若數數分別觀察而修，則能自作主宰。譬之於貪境，增益可愛之相，而多所修習，當起猛利貪著，若於怨敵，多思其不可愛相，亦能生起猛利瞋恚。以是之故，修習此類道時，於諸境相，若顯不顯，心須執持殷重無間之觀察而修也，倘心不能攝住於一所緣，爲令如欲堪能安住之寂止時，若數數觀察，則心不能住，故於是處，則須修止也。

或不了解如是道理，謂黠慧者，唯當觀修，諸姑薩黎應唯止修。此說非也。彼二種人，一一皆須雙修止觀。雖屬黠慧，亦須修止，縱是姑薩黎亦須於善知識修猛利信等故。

又有誤認以分別慧數數觀察，唯當限於聞思之時，若求修慧，則不應爾。此執非理。彼以爲一切分別，皆是執相，爲成佛之障礙。是於非理作意之執實分別與如理作意之正分別二種，未能辨別之過也。亦莫執謂此教授中，須修心於一所緣，如欲能住之無分別三摩地，於前若多觀修，將爲三摩地生起之礙。

譬如善治金銀之黠慧鍛師，將金銀數數於火燒之、於水洗之，令彼垢穢悉淨，最極調柔隨順，次乃能製耳環等飾具，如欲可成。如於昔之煩惱隨惑及惡行等，以修習黑業果及世間過患時所說，由分別慧，數數觀察彼之過患，令周遍熱惱，作意厭離，如金在火，燒彼諸垢。又於善知識之功德，及暇滿大義，三寶功德并白業果、菩提心之勝利等，以分別慧，數數觀察，則能令心潤澤，引生信敬。如金在水洗，於諸白品，令意趣向愛樂也。如是成已，隨欲修止修觀，但稍作意，不假多功，即可成就。如是修觀，實爲修無分別三摩地之勝方便，聖者無著，亦如是說。

復次，能使心於所緣，堅固安住之主要違緣者，即是沉掉二種心所。若有猛利無間念三寶等功德之心，則易斷昏沉，以彼之對治，蓋見功德則心生歡喜而高舉。又若有猛利無間念死無常及苦等過患之心，則易斷掉舉，以掉爲貪一分所攝之散亂心，彼之對治，即多種經中所讚之厭離心是。

甲四、正教授弟子引導之次第如何。分二。
乙二、得依止已修心之次第。分二。
丙初、於有暇身勸受心要。丙二、正取心要之法。
丙初、於有暇身勸受心要。分三。
丁初、正明暇滿。丁二、思惟大義。丁三、思惟難得。
丁初、正明暇滿。分二。
戊初、明閒暇。戊二、明圓滿。

《攝功德寶》云：「以戒能斷多世畜生苦及八無暇，而得閒暇身。」八無暇者，謂無四衆所遊履之邊地，及頑嚚聾啞等支分殘缺之諸根不全，執無前世、後世、業果、三寶等之邪見，并無佛出世致無教法時代，茲四者，爲人中之無暇。三惡趣及長壽天者，乃非人之無暇也。

長壽天者，《親友書》註中，釋爲無想及無色二。初、即四禪廣果天之一分，後、即生無色界之異生是也。

《八無暇論》中，以欲事常散亂之欲天，亦說爲長壽天也。

戊二、明圓滿。復分自他之二。

自圓滿有五，如云：「人性、中生、諸根全，不墮邊業、勝處信。」中生者，謂生在有佛四衆弟子遊行之區域。根全者，謂非頑啞盲聾，具足肢節眼耳等也。不墮邊業者，未自造無間罪或教他造也。於勝處淨信者，對於能生世出世間一切白法處之善說法律而生正信。調伏者，善說法律也。此法律統指三藏聖教而言。此五屬於自身，以是修法之順緣故，名自圓滿也。

他圓滿亦五者，如云：「佛出、說正法，教住及隨轉，他心所悲憫。」

佛出世者，謂經三無數劫，積資糧已，來成等正覺。

說正法者，或佛或佛之聲聞弟子所說法也。

教法住者，既成佛竟，並說正法，乃至未般涅槃之間，修行現證勝義法，未壞滅也。

法住隨轉者，謂以自證法，對諸衆生，見有能現證正法者，如其所證令彼得證，於教隨轉也。

他所悲憫者，謂有施主給施法服等。

此五是屬於他人所有之法緣，故謂之他圓滿也。

丁二、思惟大義。

若不起一爲究竟利樂故，修清淨法之心者，僅於現世未死之間，除苦修樂而爲精勤，則傍生亦有之，雖居善趣，傍生何異。

然修大乘道者，必須得一如上所說暇滿之身，如《與弟子書》云：「欲成佛道度衆生，具大心力唯人能，天龍、修羅、金翅、蟒，神仙、餘趣皆不及。」

復次，雖有一類昔於人中修道習氣濃厚之欲天，亦能見四諦理，然上界身，則定無初得聖道者。欲天多數亦如前說爲無暇處。故能修入聖道之身，以人爲最勝也。

又北俱盧洲不堪受持戒律，較餘三洲之身爲劣，而三洲中，尤以南贍部洲人爲可讚焉。

以是當念我得如此賢妙之身，何故令其無果，若竟令無果者，乃自欺自棄，更有何事可恥而重於此耶。昔於惡趣衆多無暇處之險道，盤旋流轉，今偶一次得脫，若將此身無益棄捨，仍還彼三塗中者，豈其以咒迷亂，令我成無心者哉。當如是數數修習之。

《入行論》云：「得如是閒暇，而我不修善，豈更有餘者，較此尤愚迷。」又云：「難得有益身，由何而獲得，如我具知已，後仍墮地獄，如爲咒所迷，於此我無心（我豈無心者），我何其愚魯（何愚魯至此），何物住我心。」

如是非僅觀待究竟有大義利，當思即對於現近善趣身，及受用眷屬圓滿之因，修施戒忍等，亦須依於此身，乃易修習之。若既得此具有大義之身，而不晝夜於彼現未二世善因努力者，則如既至寶洲，空手而返，豈不哀哉。

丁三、思惟難得。

《戒經》云：「人死之後，墮惡趣者，多如大地土，生樂趣者，少如爪上塵。」此謂人身為善惡二趣中之極難得者。

彼何故如此難得耶，如《四百頌》云：「人中大多數，執持不善品，以是諸異生，定多趣惡趣。」此謂人等多數造十惡業，以是而墮惡趣故。

復次，於菩薩前若起瞋恚，隨其一一刹那，須經一一劫數處無間獄，而此身中現有從多生所積集之諸罪，既然尚未受果，又未加以對治壞滅，必須多劫處於惡趣，此何待言。若能懺除舊惡，防止新造，則生善趣，不足為難。然能如此作者，實為極稀有耳。倘不如是作，則一墮惡趣，便不能作善，恆造諸惡，於多劫間，雖樂趣之名，亦不得而聞。此《入行論》中所說也。

博多瓦常云：「如某莊麗之第，（昔瑪卡雅有一莊房，備極壯麗。）為仇所劫，經久頹敗，有一老者，因此深懷痛惜，後聞人言，彼第失而復得，雖無行走之堪能（不惜步履艱難），杖矛徐至，喜曰：『此第之得非為夢耶。』」於此獲得暇滿。當如彼之歡喜而修法也。如是之心，於未生得時，當勤修之。

又若於有暇身，欲生起一具足求受心要之念，須修四法：一、須修法者，思一切衆生皆唯是求樂而思離苦，然眞能得樂離苦者，亦唯有修行正法，乃得自在故。二、我能修者，既具足外緣，有善知識，亦具內緣，已得暇滿故。三、於今生即須修持者，今生若不修，衆多生中暇滿難得故。四、現時即須修持者，何日當死，漫無定期故。

此中第三者，能滅向後推諸他生再修之懈怠。第四者，能滅是念，謂雖當於此生中修，而（更推之）來年來月尚可修等之懈怠也。

設將此二攝爲速修，則作三法亦可。念死一事，雖亦於此有關，恐繁且止，於下當說。

如是令心起變動故（如是爲欲轉變心故），如上所說由種種門而思惟之。若未能者，則可觀察如何是暇滿自性，及於現近與究竟門中，義利重大，並從因果門中，思維難得，如何逗機，即於前所說中取而修之。彼中因門難得者，謂就總而論，但能得一樂趣，亦須作戒等一種淨善，若特別欲得具足暇滿者，則須以淨戒爲根本，施等爲助伴，以無垢願欲爲間隙等（以無垢願欲爲結合彼等）之衆多善根焉。修如此因者，頗爲稀少，事實甚明，由是推之，可知就樂趣果若總若別而觀，此閒暇均爲難得也。果門難得者，對於異類諸惡趣觀之，但屬樂趣已較爲少有。即就同類的樂趣而觀，特勝之閒暇者，則尤爲寶貴。

此如噶當格西多把（頓巴）云：「若於此（大義與難得）殷重（殷勤）修習，其餘諸法，皆能由此引生（則餘門更易入）。」故應勉焉。

略論卷一竟

菩提道次第略論卷二

宗喀巴大師造
大勇法師講譯　智湛居士筆錄
法尊法師補譯　校塵空治潤
昂旺朗吉堪布口授校對

三士道前導

丙二、正取心要之法。分二。

丁初、於道之總建立生起決定。丁二、正明受持心要之法。

丁初、於道總建立生起決定。分二。

戊初、三士道攝一切聖教之理。戊二、顯示從三士道門次第引導之相。

戊初、明三士道攝一切教理。

一切佛陀，從初發心，中積資糧，最後現證正遍知覺，是皆唯為饒益有情，故說一切法，亦唯為成就有情義利。

如是所作有情義利，略有二種，即於世間之權時現前上善，與出世間之究竟決定善是。依初所作（應作）所說一切，於正下士或共下士法類中攝。下士特別之處，不為今世現前安樂，重在希求捨生之後，善趣圓滿，以其（所）修作彼之因故。如《道炬論》云：「若以正方便，惟於人天樂，欲求自利者，知彼為下士。」

究竟決定善，有唯從流轉出離解脫，及修一切種智二種。此中依於聲聞及獨覺乘，所說一切，於正中士，或共中士法類中攝。中士夫者，於一切有，發生厭離，專求自利，從有解脫彼之方便，於戒定慧三學轉趣入故。如《道炬論》云：「背於（棄）三有樂，反罪業為體，（遮惡、依三學。）僅（唯）求自寂利（寂靜），說名中士夫。」

修行一切種智方便，亦有二種，波羅密多大乘與金剛乘是。此二皆於上士所有法類中攝。上士夫者，唯彼大悲之所自在，欲盡一切有情苦故。以佛為其所得之果，以六度行及二次第為所修學。如《道炬論》云：「若以自繫苦，普例於他苦，希起正斷盡，斯名勝士夫。（由達自身苦，若欲正盡除，他一切苦者，是爲勝士夫。）」

彼士夫修菩提之方便，顯密二種，於下當說。（師說《道炬論》頌後譯本有錯，似指勇譯本「顯密二種，於下當說。」二句。此處譯本有錯，所謂於下當說者，係謂《道炬論》於前頌文之下，已說三士之名。宗喀大師於此特標明者，謂本論係根據阿底峽尊者《道炬論》而來，而阿底峽亦非杜撰。）

三士之名，如《攝抉擇分》及《俱舍釋》等，處處廣說。下士夫中，雖有希求現世後世之二種差別，當知此處唯取第二，復取安住善趣方便無錯亂者。

戊二、顯示由三士道門次第引導之相。分二。

己初、必由三士道引導之義。己二、示如是次第引導之相。

己初、必由三士道引導之意義。

如是雖說士夫有三，然上士道亦攝餘二，以彼二者爲大乘道之支分故，此馬鳴菩薩所說。此間非於僅得世間快樂之下士，及唯得解脫世間之中士道中而爲引導。蓋爲將修與彼二所共同道之上士，作引導前行，是爲修習上士道之支分耳。

己二、次第引導之相。分二。

庚初、正明其相。庚二、明其要義。

庚初、正明其相

趣入大乘之門者，即於最勝菩提發心是。若發此心，如《入行論》云：「剎那纔發菩提心，雖繫輪迴（生死）三界獄，亦當說爲善逝子。」謂發心即得菩薩名，（勇譯，謂得菩薩名。）彼身即入大乘數。若失此心（若失彼者），則從大乘而退出故。以是諸欲入大乘者，須於多門勵力，務令此（彼）心發起。

然欲發起彼心（欲發此心），又必須先修發心勝利，於其勝利增長勇悍，並須具有七支皈依。《集菩薩學論》及《入行論》，皆作此說。如是所說勝利，略有二種，謂權時及究竟勝利也。初中復有不墮惡道及生樂趣二種勝利，若發彼心，於昔積集惡趣之因，即得清淨，並能斷絕未來相續。於先已集樂趣之因，以有此心所攝持故，將更增長廣大，諸新所作，亦能引起，令無終盡之邊際焉。

究竟義利者（究竟勝利者）、解脫及正遍知等，亦依彼心速疾成就。若不先於權時究竟之勝利實欲證得，但云彼諸勝利從發心生出，於彼發心應當勵力。雖作此說，唯是空言，返觀身心，甚爲明晰。此中先於現上決定二種勝利發欲得心，即須修習共中下士所有意樂，如是則於二種勝利生起欲得（可於二種勝利生起欲得）。

若修此具有勝利之心者，更須生起爲此心根本之慈與悲憫。但若念及自身之樂乏苦逼，流轉世間，尚不能令身毛豎動者，則於他之樂乏苦逼，而謂不能堪忍，必無是處。

《入行論》云：「於利有情前，且不思自苦，若夢猶未夢，利他云何生。」是故於下士時，想自身當受惡趣苦惱，及中士時，觀於善趣，亦唯是苦，無寂滅樂。既思惟已，例己推及於諸親屬等一切有情而修習之，當成發起慈悲之因。從彼發起菩提心故，故修共同下中意樂者，實是引發無偽菩提心之方便，如是當知，於修彼二士道時，思惟皈依，業果諸意樂等。於諸門中，集淨勵力者，如其所應，成菩提心前行修心之方便。當知七支皈依等，亦即爲發起彼心方便也。此中諸下中法類，爲引發勝菩提心支分之理，爲師者須詳開示，弟子亦須於彼獲得決定。於每修時，憶念此諸意義而修，最爲切要。若不爾者，則上士之道與共中下士道，各各不相關涉，於未至正上士道之中間，以於菩提心未獲決定故，或爲發起彼心之障礙，或於其間失大義利。以故於此，當加殷重。

如是修已，於身心中如何方能發起無偽菩提之心，如所應作。次爲令彼心極堅固故，由行不共皈依爲前導已，應受發菩提願心儀軌。受彼願已，於諸菩薩學處，開始修學。

爾後於六度四攝等，多修習（生起）欲學之心。若生決定欲學心已，進受清淨菩薩行戒。次於根本重罪，拼命防護，莫令有染，雖中下纏及諸惡作，亦應勵力，莫爲所污。倘有所犯，如其所說除罪儀軌，善爲淨治。

此後總於六度而爲修學。特別爲令其心於善所緣，如其所欲能安住故，於止體之靜慮中，更當修學。（特別於安住善所緣之止，更當修學。）《道炬論》中謂爲引發諸神通故，而學止者，是少分喻，即阿底峽尊者亦曾於餘處說，爲欲引發勝觀故，當修止也。次爲斷二我執縛故，於空性義見決定已，於無謬修法而爲修習，應當修行慧體勝觀也。

如是除修止觀外，於行戒學處以下，悉爲戒學，奢摩他者，是爲心學，毗缽舍那者，是爲慧學，此《道炬論釋》中說也。

復次，奢摩他以下，是爲方便分及福德之資糧，依於世俗諦之道，廣大道次第也。三種殊勝慧者，是爲般若分及智慧之資糧，依於勝義諦，甚深道次第故。當於彼等次第數目生起決定，及以慧與方便隨離一支不成菩提，應起大決定也。

以是（如是）共道修身心已，必須轉入密乘，以入於彼，速當圓滿二資糧故。

設於此處不勝其任，或種性微劣而不喜者，則應唯於此道次第漸增廣之。

若其欲入金剛乘者，首須修依止善知識法，較前尤爲鄭重。次以從清淨密部所出灌頂法成熟身已，於彼時所得之密戒，及三昧耶，拼命守護。特於根本罪毋使有染，蓋雖可重受，然身毀已，功德難生。諸支分罪，亦毋染犯。設有所犯，亦勿隨意置而不慮，當以悔除防護，令其清淨。

爾後或於下部有相瑜伽，或於上部生起瑜伽，隨於一中而爲引導，次或於下部無相瑜伽，或於上部滿次瑜伽，隨於其一而修學之，如斯次第之建立者，乃《道炬論》所說，故《菩提道次第》亦作如是引導也。

庚二、明其要義。

謂若下中士夫諸法品類，即是上士之前引導者，是即上士夫之道次第矣。何須復名爲共下中之道次第耶？曰：所以於三士夫須各各分別而引導者，要義有二。一爲摧伏猶未發生共同中下士夫之心者，即妄自稱我是上士之我慢。二爲於上中下三等根機作大饒益也。言大益者，謂因上中二種士夫，亦須希求善趣解脫，故對所導之上中二種補特伽羅，示以中下二種意樂令其修習，此無過失，而生功德故。若是下劣補特伽羅者，雖修上品法類，亦必不生上品意樂，而下品復棄，則上中下道功德勝利，將俱無所得矣。復次，於具上堪能者，示所共道以令修習，對於彼等自所應修諸功德法，若已生者，則能攝持，或雖未生，亦能速疾發起，下下發已，導入上上，於其自乘，並無延滯也。

發心須依次第者。

《總持自在王所問經》中，以黠慧寶師次第修淨摩尼寶喻，合義而爲教示。

龍猛菩薩亦作是說：「初修增上生，後起決定勝，以得增上故，次決定勝成。」（依上師口授，照藏文本譯出爲：「先增上生法，決定勝後起，以得增上生，漸得決定勝。」）此說於現上決定善，須以次第而引導也。

聖者無著亦曰：「又諸菩薩，於諸有情，先審觀察，知劣慧者，爲說淺法（爲劣慧說淺法），隨轉粗近教授教誡。」「知中慧者，爲說中法（爲中慧說中法），隨轉處中教授教誡。」「知廣慧者，爲說深法（爲廣慧說深法），隨轉幽微教授教誡。令其漸次修習善品，是名菩薩於諸有情，漸次利行。」（是名漸次利行）

又聖者提婆於《攝行炬論》中，成立先於波羅密多乘之意樂，既修習已，次轉入密，須具次第，攝彼義云：（略謂）「諸初業有情，若轉趣勝義，佛說此方便，如梯之漸次。」

丁二、正明受持心要之方法。科判分三。

戊初、與下士所共修心之道次第。戊二、與中士所共修心之道次第。戊三、上士修心之道次第。

戊初、與下士所共修心之道次第。分三。

己初、正修下士意樂。己二、發心之量。己三、除邪分別。

己初、正修下士道意樂。分二。

庚初、發生希求後世義利之心。庚二、明後世利樂之方便。

庚初、發生希求後世義利之心。分二。

辛初、思此世不久住，起念死心。辛二、思後世二趣苦樂如何。

辛初、思此世不久住，起念死心。分四。

壬初、不修念死過患。壬二、修習之勝利。壬三、發何種念死心。壬四、修念死之法。

壬初、不念死之過患。

今後當死之一念，雖盡人皆有（知），然以於日日中，每念今日不死，今日又不死，則心將執於不死之一面，若不作意於彼對治，而爲如是心所障蔽，隨起久住此世之心，便覺現前一切皆爲需要，專務於求此世樂。除此世苦之方便，於後世及解脫成佛等大事，不加觀察，心不入道。縱或聞思修，然以趣重今世之故，任作何善，其力定然薄弱，且必摻和惡行咎戾而轉，其不雜惡趣之因者，鮮矣。縱使緣及後世，思欲進修，亦必不能滅除推延之懈怠，及以睡眠惛沉喧雜飲食等事，紛擾度時，不能精進如理而修焉。又不特此也，爲求現世圓滿故，煩惱及其所引之諸惡行等，漸漸增長，背甘露法，引入惡趣，孰有甚於斯之不善耶。

《四百頌》云：「三世自在主，自來作死緣，而我猶安臥，不善孰勝斯。」（上師口授頌文爲：「誰爲三界之死主，自死而無他作者。」）

又《入行論》云：「須捨一切去，於此自不知（我未如是知），爲親非親故，而造種種罪。」

壬二、修習之勝利。

若生一眞實念死之心，且如若知我今日明日定死，稍知法者，即見親等無可共住，遂能遮制於彼愛著，並任運生起從施等門而取心要。且能見及爲利養恭敬等之世間法而致力者，一切皆無堅實。遮諸惡行，積集皈戒等善業。自身既得勝妙之位，亦能接引諸餘有情，於彼安置，更有何事較此爲重要者哉。

諸經於此念死之心，曾以多種譬喻而爲稱讚，如《大涅槃經》云：「諸田業中秋實勝，一切跡中象跡勝，一切想中，無常及死想，是爲最勝。」以由此能除遣三界貪著、無明我慢故。復以爲頓能摧壞一切煩惱惡業之錘，頓能成就一切善妙之門等，而稱歎之。總之，能有修行之機會，唯是得此殊勝之身（人身）時，我輩長劫處於惡趣，雖偶一得生人天，亦多無暇。不得修法，縱或一次得堪修之身，而亦不能如理修法者，蓋爲住此今日不死之想耳。心執不死者，乃一切衰損之門。念死者，乃一切圓滿之門也。是故莫執此爲諸無餘深法可修者之所行，或雖爲應修，唯宜初時略爲修習，非恆常之所修也。應於初中後三，皆必須修此法之理，心起決定解而修習之。

壬三、發何種念死心。

若以親等當離而生怖者，是乃常人之心，此處非爲生起彼心也。若爾云何，謂由煩惱業所受之身，終不免死，僅於此生怖，暫時亦不能遮止。須念惡趣之因未滅，現上決定善因未修，此當畏死也。若於此興怖，則能起修，死時無恐。若不修此義，總於流轉不能解脫，別於惡趣或將沉墜，死時追悔熱惱而已。

壬四、修念死之法者，應從三種根本、九種因相、三種決定之門而修習之。此中分三。

癸初、思惟定死。癸二、思死期無定。癸三、思惟死時，除佛法外，餘皆無益。

癸初、思惟定死。分三。

子初、思惟死王必來，任何法不能避免。子二、思壽無增而無間有減。子三、思惟雖存在時亦無修法之暇，而死必決定。

子初、思惟死王必來，任何法不能避免。

任所受何身、所住何地、隨在何時，皆為死王所壞（皆為死王所能摧毀），此《無常集》所言也。

死王若來，縱以迅速騰躍、極大勢力、財物咒藥，無能逃避，此《教授國王經》中說也。

昔噶當大德噶馬巴有云：「現在即須畏死，死時不須怖惱（恐怖）。」我輩則（恰）與此相違，現在不畏，臨死乃以手椎胸焉。

子二、思壽量無增而有減。

《入胎經》所說，壽量百年者稀矣，縱然能到此邊際（縱使能達到百歲），亦於彼之中間，年為月、月為日、日為晝夜而盡之。每一晝夜，仍為上午下午等而使之盡，壽之總量，去日已多，所餘亦無增，且無間而減故。（所餘亦唯有減而無增）

《入行論》云：「晝夜無有（少）住，此壽常滅壞（壞滅），無有餘可增，我豈能不死。」

又如織師織布，及被殺之牲畜，牽赴殺（屠）場，步步逼近，與牛為牧兒所使（所鞭策），不能自在，被驅入住處等，多喻為門（多門設喻）而思惟之。

如《大戲樂經》云：「三有無常同秋雲，衆生生死等觀戲（劇），衆生壽行似空電，如崖瀑流（如懸崖瀑）疾疾行。」以此種種譬喻而詮顯之。蓋於心內明了者，外一切物，無不示現無常。以是從多門中，屢次思惟，生起決定，若僅修少次，心則難生，殊無所益。

如噶馬巴云：「汝言思而不生，汝於何時思耶，晝日散亂，夜間睡眠，汝勿說妄語。」

吾人非但壽盡，始爲死王所壞，而住他世，即於現生存在（生存）之間，亦皆是不住之時，蓋自入胎以來，無一刹那暫停，而不向後趣者。雖於中間稍得存活，亦唯爲老病死者引赴死所而行。故不應於此存活之際，認爲不趣後世而得安住，輒生歡喜。譬如從高崖墜時，其中間尚未至地之際，不應喜也。《四百頌註》中引云：「人之勇識如初夜，若於世間住胎已，從此彼於日月中，無少止憩而趣死。」

子二、思惟雖存在時，亦無修法之暇，而死必決定。

縱能至彼許之壽算，亦無有餘暇修行，如《入胎經》言：初嬰兒時，於十歲內，未獲修法之意樂。垂老之二十年，無修法之氣力。中時，亦為睡眠耗去一半，復以病等耗去多時，僅少許光陰可修法耳！

如是現生一切圓滿，當思皆同作夢，於臨死時，僅成一種意境。死仇既其（既然）必來，胡為現世（胡為彼現世）之心所欺，而猶喜耶。應於必須修法生起決定，多為誓願。

《本生經》云：「噫嘻世間惑，匪堅不可樂，此夜開花會，亦當成念境。」

癸二、思死無定期。

今日以後，百年以前，死王必來，然於此未來之中間，究竟何日當到，亦無決定。即如今日死與不死，亦不能定。雖然心則須執於死之一面，發起今日必死之心。若想今日不死，則心必執於不死之一面，力謀此身久住之準備，不修後世之資糧，於其中間，終為死王所縛，則懷憂而死焉。若於日日中，常為死備，則便多作後世義利。設或不死，修善固佳，若即死者，尤屬正當所需要也。

子初、思贍部洲人壽無定，故死期亦無定。子二、思死緣甚多，活緣甚少。子三、思身命極危脆，故死期無定。

子初、思贍部洲人壽無定，故死期亦無定。

北拘盧洲壽量決定，餘雖於自類壽量不能決定，然亦大多有定，而贍部洲者，則極無定也。劫初壽有無量歲者，將來十歲即爲長壽之最大限量。即如現時，於老壯少間，何時當死，皆無定準。《俱舍》云：「此間壽難定，末十初無量。」將諸師友等，未滿天年，忽遇內外死緣，奄然命過者，而爲作意。如是我亦不免，數數思之。

子二、思死緣甚多，活緣甚少。

於此生命，有情無情之損害甚多。謂人與非人魔類之所損害，各種畜生之所吞噬，內諸疾病、外諸大種之侵凌，而細思之。復次，自身者，內四大種之所成，彼等亦互爲剋損，此大種界稍失調和而增減者，即有病生，能奪壽命。彼等與自俱生，故於身命，有似堅實，無可保信（而實無可保信）。

《涅槃經》謂：「修死想者，當知此生壽命，恆爲多數仇怨圍繞，剎那剎那，念念損壞，全無爲作增長者也。」（「命根常爲衆多怨敵所圍繞，剎那剎那，但作損害，決無作饒益者。」）《寶鬘論》亦云：「人住死緣內（人在死緣內），如燈在風中。」故雖在生時，仍恆常無間趨於死地，自謂生緣多，實不（無）可保信。《寶鬘論》又云：「死緣者甚多，生緣唯少許，雖生常趨死，故當勤修法。」

子三、思身極危脆，故死期無定。

人身如水泡，最極微劣，無須重大損害，但以一荊棘刺之，便可摧壞身命，諸餘死緣，毀之亦易。

《親友書》云：「大地迷盧海，七日出燒燃，況此微脆軀，那不成煨（灰）燼。」如是思已，死王何時當壞身命，既無定期，趁茲有暇，應決定即從現在須勤修佛法。

喜乍迦打米者云：「國主如是假借身，未病未老安樂住，即此時中修心要，於老病死作無畏，若時老病衰苦來，爾時雖念有何用。」三根本中最扼要者，即思死期無定，故於此當勉力修之。

癸二、思惟死時，除佛法外，餘皆無益。

若見及此身定須趨於後世，爾時雖極憐愛之親友圍繞，無一能留住（不死），雖盡其所有悅意之財聚，一微塵許不能攜去（亦攜不去）。即與身俱有之自身骨肉，亦須棄捨，何況其他。由此三種因相，應知此身一切圓滿，決定終當捨離於我，我亦有終當捨離彼等而去他世之一日，須念今日即是彼日（即是彼時）。故應決定不爲眷屬身命受用等緣所轉，而專修佛法焉。此心雖難發生，然爲入道之根本，故有勵力思察之必要。

博多瓦云：「我能除現世之榮耀（心）者，即修此無常，此既能遺除親眷資具等現前一世榮貴之愛著，又知唯己一身，更無二件同趣後世，便念除佛法外，更無一事可作者，心不貪於現世，無常之觀乃生，故於此心未生以來，即是障隔一切佛法之道也。」多巴云：「積資淨障，對於本尊本師啓白祈禱，勇悍殷勤，數數思惟，縱經百年不生，亦如是修。然有爲之法，必不恆常安住，何由不能生起耶。」

又有人欲改修所緣境，以問迦馬巴。迦馬巴但仍教如前。若問餘者，則答不知。

如是，若依止善知識與暇滿、無常等，諸法品類，凡經論中所有者，於彼彼等，皆可了知，取而修習焉。則易得佛之密意，其餘法類，亦當如是了知。

辛二、思後世二趣苦樂如何。

如是決定速死，此生無暇，不能久住，死後復非斷滅而復受生，所受之生，不能出乎苦樂二趣，彼亦非能自主，當爲業所自在之故，以任白黑業之所牽引而受生焉。如是想念，我若生於惡趣，我將如何，則宜思惡趣之苦也。

如龍猛云：「鎮日須憶念，極寒熱地獄，亦當念餓渴，逼迫諸鬼趣，多愚苦傍生，當視當憶念，斷惡修樂因，難得贍部身，得時於惡因，當勵力斷盡。」（「當日日憶念三塗，如地獄之寒熱，餓鬼之饑渴，畜生之鞭撻等苦，而斷除其因。尤其得南洲身者，須勵力將惡趣因斷盡，方可。」）彼中總於流轉，特於惡趣之苦而修習之，最爲重要。（云何重要）謂若思惟墮此苦海者，則心生厭離，遮止傲慢。及見苦是不善之果，於其罪惡深生羞恥。由不欲苦而希安樂。又見樂爲善果，喜修諸善。復自觀察，據己爲量，隨於他所發起悲心。於流轉中，心生厭離，而求解脫。又以怖苦故，則能殷重皈依等事，爲衆多修行心要之大總聚也。彼苦之功德，《入行論》中雖就自身已有之苦而說，然於未來當受之苦，亦應如是思。

此中分三。壬初、思地獄苦。壬二、思傍生苦。壬三、思餓鬼苦。

壬初、思地獄苦。又分四。癸初、大有情地獄。癸二、近邊地獄。癸三、寒冰地獄。癸四、孤獨地獄。

癸初、大有情地獄。

由此地下越三萬二千瑜繕那下，有等活獄，彼下每隔四千瑜繕那，遞次復有餘七也。如是八中，初、等活獄者。謂彼有情，多共聚集。業增上故，種種苦具，次第而起，更相殘害，悶絕僻地。次虛空中發大聲曰：汝諸有情可還等活。彼諸有情欻然復起，復由如前所說苦具更相殘害。由此因緣，長時受苦。二、黑繩獄者。謂彼有情，多分為諸所攝獄卒，以黑繩拼之，作四方等多種文像，即於其上以鋸解之。三、衆合獄者。謂彼有情，同處集時，為諸所攝獄卒，驅逼令入如羺頭等兩鐵山間，彼既入已，兩山迫之，既被迫已，一切竅門血便流注。四、號叫獄者。謂彼有情，尋求舍宅，便入大鐵室中，彼纔入已，即便火起，由此燒然。五、大號叫獄者。與前相同，其差別者，此為二層鐵室也。六、燒熱獄者。謂彼所攝獄卒，以諸有情，置極熱燒然多瑜繕那大鐵傲上，猶如炙魚，復以熾然鐵串從下貫之，徹頂而出，由口目鼻耳兩兩孔中，及一切毛孔，胥皆燄起。復以有情或俯或仰，置於熾然大鐵地上，以極熾然大鐵椎棒，或爲擊打，或築擣之。七、極燒熱獄者。謂以三支鐵串從下貫之，徹其兩膊及頂而出。由此因緣，於口等諸門猛燄流出。又以燒然極熱鐵鍱遍裹其身，倒擲於熾然灰水滿鐵鑊中而煎煮之，上下漂轉，涌沸而行，待皮肉血皆銷爛已，唯留骨瑣存在之時，尋復漉之，置鐵地上，令其皮肉血脈復生，還置鑊中，餘如燒熱獄說。八、無間獄者。謂從東方多百瑜繕那，周遍燒然大鐵地上，有猛熾火騰燄而來，於彼有情，皮血筋骨，如次壞已，以徹其髓，燒如脂燭，一切身分，遍成猛燄。所餘三方，亦復無所間缺。如是四方火來，和雜聚集，領受是苦。唯以發叫受苦之聲，乃知彼猛火中，尚有有情存在而已，又於鐵箕盛滿最極燒然鐵炭而簸揃之，復置熱鐵地上，令登大熱鐵山，逼其上下。從其口中，拔出其舌，以百鐵釘，釘而張之，令無皺褶，如張牛皮，復更仰置熱鐵地上，以大鐵鉗而開其口，以熱鐵丸置其口中，灌以烊銅，燒口及喉，徹於腑臟，從下流出。其餘苦況，如極熱說。

如是受彼諸苦，經幾許量。如《親友書》云：「如是最極劇烈苦，縱然經百俱胝歲，倘其惡業猶未盡，彼於諸苦不能離。」又於人中五十年，爲四天王衆之一日，此三十日爲月，此十二月爲年之五百年，是四天王衆之壽量。以此全量爲一日，此三十日爲月，此十二月爲年之五百年，乃等活地獄之壽量也。如是人中百年、二百年、四百年、八百年、千六百年者，如其次第，是三十三天至他化自在天之一日也。其壽量者，天之千年、二千年、四千年、八千年、萬六千年也。彼等如其次第，是從黑繩至燒熱各各之一日。能至其各各自年之從千至萬六千年也。極燒熱者，半中劫，無間者，能至一中劫。此如《俱舍》及《本地分》中詳說也。

癸二、近邊地獄。

彼八地獄，各有四岸四門。（亦有八，四邊四門。）彼等之外，鐵城圍繞，彼城亦有四門。（四門外繞以鐵城，城復四門。）於彼一一門外，有四四增上有情地獄。（門外均各有四獄，乃四增上有情地獄。）謂煻煨暫、屍糞泥、刀刃道等及無極大河也。（一、煻煨塹，二、屍糞坑，三、刀刃道，四、劍葉林，總名劍刃獄。）彼中初者，有陷腧許之火灰。彼諸有情，出求宅舍而過彼者，放足之時，皮及肉血悉皆銷爛，舉時則皮肉等復生也。第二者，與彼鄰近，有臭如屍之糞泥，諸覓舍有情過時，倒擗其中，首足俱沒。泥中有蟲，名曰利嘴，彼等穿皮入肉，斷筋破骨，取髓而食。第三者，與彼相鄰，有刀刃仰佈之道，諸尋舍有情，行至於此，下足之時，皮肉筋血，悉皆爛壞，舉足則復生也。與彼相近，有劍葉林，彼諸有情，爲求宅舍，經過於此，纔依陰住，劍葉墮落，斫截支節。彼等擗已，諸獒犬來，掣背而食也。又彼鄰近，有鐵刺林，覓舍有情，於此行時，即便登林，登時刺鋒向下，下時則上承也。以是等刺，割截支節。又有大鳥，名曰鐵嘴，來集於肩，或住其頂，啄睛而食之。以上同是器械所損惱，故合爲一也。第四者，於鐵刺相鄰，有無極河，灰水騰沸，充滿其中，求舍有情，於彼墮已，上下游煮，猶如豆等煮於沸水之大鑊。於河兩岸，有諸執持棍鉤網者，排列而住，不容得出。又復持鉤網取出，仰置熾然大地，問何所欲？彼若答曰：我今無知無見，唯是饑渴。便以熾燄鐵丸，膽沸烊銅，灌其口中。《本地分》中說近邊與孤獨二者，壽量無定，然若應受彼等苦楚之業力未盡，則當於爾許時不能得出也。（彼等之業力未盡，則不能得出。）

癸二、寒冰地獄。

於八大有情地獄平面，相距萬瑜繕那處，從此三萬二千瑜繕那下，有皰獄在焉。（此獄亦有八，自八大有情地獄橫直一萬瑜繕那處，其下三萬二千瑜繕那，爲寒皰獄。）彼下二千二千瑜繕那所隔，有餘七也。彼八之中，初皰者，爲大風所吹，一切身分，寒縮如皰。二、皰裂者，縮如已破裂之皰也。三、頷哳吒。四、郝郝婆。

五、虎虎婆者，就發聲而立名。六、裂如青蓮者，謂遭大風，色變瘀，裂成五破或六破也。七、裂如紅蓮者，越青轉紅，裂爲十分，或復更多。八、裂如大紅蓮者，皮轉極紅，破爲百數，或復多於彼數。是等出《本地分》中說。

壽量者（此獄之壽量），以摩羯陀國盛八十斛之胡麻耑，而以胡麻高盛充滿。次每百年取麻一粒，彼麻取盡無餘，如斯長時，而皰之壽量，較之尤爲遠甚。下諸獄壽量，各較前前者爲二十倍之遞增云。

癸四、孤獨地獄。

孤獨地獄者，即於熱地獄寒地獄之近邊有之，人世間亦有，《本地分》中說也。近大海岸亦有，如僧護傳中所說。

生於彼等中之因者，如下所說，其生甚易。吾人於日日中積集眾多，在先既有所集，今亦相續造作，於此不應安然而住，應思彼等苦果而生怖畏。蓋與彼等之間隔，唯此悠悠一息耳。

《入行論》云：「地獄業已作，云何宴然住。」《親友書》亦云：「具罪唯以出入息，於其中隔地獄苦，若人聞已空無畏，當是金剛爲自性。見畫地獄及聽聞，憶念讀誦作形相，猶起怖畏而厭離，如何正受斯異熟。」

其苦之猛烈，如《親友書》云：「一切安樂中，愛盡樂爲最，一切苦莫比，無間地獄苦。人間一日中，屢刺三百槊，比地獄輕苦，毫分寧相擬。」

發生如是苦之因者，當知唯是自內惡行（……所積），縱微少惡行，亦應盡其功力，勉勵莫使有染。又即彼書（《親友書》）云：「如是諸惡果（種種地獄苦），種由身語意，汝勤隨力護，輕塵惡勿侵（染）。」

壬二、思傍生苦者。

諸傍生中，其力強者而凌其弱，且爲天人之資具，自無主權，唯隨他力，任其殺打損害。《本地分》說：與人天同住，別無住處。

《俱舍釋》則云：彼等之根本住處爲大海，諸餘者乃彼之所流出耳。復次，有生於暗中或水中者，皆老死於其中，與負重疲勞，及以耕耘、剪毛、驅使等。而殺害之法，亦有多種不同所迫惱。又由於飢渴風日所困，及獵者等於多門中而爲損害。隨於何時，唯念恐懼。於其諸苦惱法，當思而厭患，生起出離心。

其壽量者，《俱舍》云：「諸傍生（畜壽無定），勝者長一劫。（長者可至一中劫）」謂壽長者，可至一劫，短則無定耳。

壬三、思餓鬼苦者。

諸上品慳吝者，生餓鬼中，彼等皆感饑渴之苦，皮肉血脈枯如株杌，以髮覆面，口甚乾焦，以舌舐之。其中有三：一、於飲食有外障者，彼等若馳至井泉池海諸處，爲餘有情手執劍矛鎗等，行列守護，令不得趣，或強趣之，便見其泉變爲膿血，自不欲飲也。二、於飲食有內障者，謂口如針孔，或口如炬，或復頸癭，或腹寬大，縱無其他有情爲遮，自得飲食，亦不能飲噉也。三、於飲食自體爲障者，有名猛燄鬘者，一切飲食皆爲火然而燒之。名食糞穢者，飲噉糞溺與不淨臭惡，及唯能於損害下劣等物而飲噉也。又有一類割自肉食，縱得香美而不能食。

彼等（餓鬼）住處，《俱舍》謂於王舍城下，隔五百瑜繕那有之，餘者皆彼中所分出。

其（鬼之）壽量，據《本地分》及《俱舍》云：「人間一月，爲其一日，可至其自年五百歲。」《親友書》云：「惡行之業以爲索，堅固纏縛諸餓鬼，其間受苦無中斷，五千及萬亦不死。」其《疏釋》云：餓鬼一類壽五千歲，一類爲萬歲。

《本地分》說：三惡趣之身量無定，以不善業力有大小種種故也。

如是，若思彼諸苦者，試以身手入於熱灰，置一晝夜。或於嚴冬風吹冰窟，不著衣裙，於中而住。又或一日二日斷絕飲食，或於身上蜂虻螫噬，若此微事猶難忍者，念我云何能於熱寒地獄、鬼畜諸苦而堪忍受。以今推比，乃至未生至極怖畏之間，應勤思惟。以現前賢善之身如是思者，應懺洗從前所集罪惡，止息後流。先所集善，則以猛利欲樂發願令其增長，於新作者以多門而爲趣入。又於日日中，皆使有暇之身作有義利。若現在不思彼者，墮惡趣時，雖欲求一能從彼等怖畏中作救護皈依者，亦不可得。爾時於所應作及不應作，取捨之處心無力矣。（……應不應作之取捨，已力不從心矣。）

庚二、明後世樂之方便。分二。
辛初、皈依為入佛教之勝門。辛二、生決定信為諸善之根本。
辛初、皈依為入佛教之勝門。分四。
壬初、依何者為皈依之因。壬二、依於彼因明皈依境。壬三、皈依之法如何。壬四、皈依後應學之次第。
壬初、皈依之因。

總論皈依之因，雖有多種，然此中則據上所述，今世不能久住須速死，死後隨業流轉，不能自在。

如《入行論》云：「如於昏夜黑雲中，電光刹那纔一現，如是設以佛陀力，世間福慧少許生。以是唯有微弱善，常時罪力極暴惡。」

白業力弱，黑業力強，思惟由是墮入惡趣之理，既於惡趣生起怖畏，又唯深信三寶能救。以是二心而行皈依。但若徒有言者，則皈依之效亦僅爾。若彼二種發心殷重堅固者，則其皈依必能變更心境，故應勵力修此二因。

壬二、依於彼因明皈依境。此中分二。一、應皈之境。二、可皈之相。

初、正明其境，云何應皈之境。

如（功德君）《百五十頌讚》云：「誰於一切惡，從本悉皆無，誰於一切中，住一切功德。設若有心（智）者，於彼應皈依，讚彼恭敬彼，住彼教應理。」謂若自有能分別可皈非可皈之慧者，理應於佛薄伽梵前而行無欺誑之皈依。法及僧衆，比例類推。《皈依七十頌》云：「佛法及僧伽，求解脫所依。」

次、明應可皈依之相。

須自己解脫一切怖畏，又有令他解脫怖畏之方便善巧，對一切行大悲無親疏之分，於一切有恩無恩作義利者，是則所應皈依。然此唯佛爲能，自在天等皆無斯德，故唯佛是所皈依處。又彼教法及聲聞僧衆，亦是應皈依者。

（依《戒經》）《攝抉擇（分）》云：「於此等引生決定專一之心，而能求（凡求）作依怙者，無不救護，是故應起決定之心。」於二因中，雖外因無缺，然以內因至誠皈依之心不生，則唯是其苦矣。

壬三、皈依之法如何。分四。

癸初、知功德。癸二、知差別。癸三、自誓願受。癸四、不說有餘皈依處。

癸初、知功德。分三。

子初、佛功德。子二、法功德。子三、僧功德。

子初、佛功德。分四。

丑初、身功德。丑二、語功德。丑三、意功德。丑四、事業功德。

丑初、身功德。

念佛相好，如（阿闍黎麻的止遮所造）《譬喻讚》（《相好讚》）

云：「佛身相莊嚴，端妙眼甘露，如秋空無雲，衆星而嚴飾。」「能仁具金色，法衣以嚴身，似於金山頂，彩雲而圍繞。佛雖不莊飾，面輪自圓滿，彼滿月離雲，亦所不能及。佛口如蓮花，日照而開敷，蜂見以爲蓮，不猶豫而住。佛面具金色，珂白（瑩玉）齒端姝（素），猶如金山峽，無垢月光入。應供右手中，輪相妙嚴飾。」「於世恐怖者，以手拔令出（以手爲安慰生死恐怖人）。能仁遊行時，雙足如妙蓮，印畫於地上，眞蓮無此美。」略讚如是，當憶念之。

丑二、語功德。

盡世界中所有有情，於一時中，各以異義而見質問。佛以一刹那心相應之慧而領攝已，即以一音答一切問，彼等亦各領知爲答自語。於茲甚奇希有之德，當思念之。如《諦者品》云：「此諸有情了義語，多種一時來問難，心一刹那遍了知，即以一音各答覆，如是當知佛於世，以妙梵音而宣演，度出人天諸苦厄，極善轉於妙法輪。」

丑三、意功德者。

有智德悲德二種，智德者，於一切所知境，如所有性盡所有性，如觀掌中庵摩羅果，悉能了知，無礙而轉。一切所知，佛智能遍，除佛而外，餘者則所知寬廣，智狹而莫能遍也。

如彼讚（麻的止遮《讚應讚》）云：「唯有以佛智，遍一切所知攝法，一切種相者（佛智遍所知），除佛餘一切，唯所知增上。」又云：「三時所諸法動非動，一及種種別（於一切種相），如持庵摩羅，佛心所行境。諸法動非動，一及種種別（謂一與異），如風行空中，佛心無滯礙。」

悲德者，如諸有情爲煩惱縛，則無自在。能仁爲大悲繫縛，亦無自在。若見衆生有苦惱者，大悲無間相續而生。

《百五十頌》云：「一切衆生類，惑縛無差別，爲解衆生縛，常爲大悲繫。雖知世過患，悲願處生死，爲當先禮佛，抑先禮大悲。」
又如《諦者品》云：「衆生處癡暗，無明常覆心，繫世間牢獄，佛見生悲愍。」應如是思惟之。

丑四、事業功德者。

以身語意業（任運）無間而饒益一切有情，此亦就所化方面堪引度者，能仁無不令其得樂離苦，凡所應作，決定爲之。
如博多瓦云：「若數數思惟（常念三寶），信心漸增長，身心漸清淨，能得加持。」故得定見（後，再）誠意皈依修學學處者，其一切所作，皆成佛法。然我等對佛之智，（通常人對佛信念，每）不及信一靈驗卜卦者。卦者若云：某知汝今年無忌，則心安而去。若云今年有大災禍，此當作，此莫作者，則必勵力而爲。倘未能辦，則思彼說我未能作，心必憂鬱。佛云此及此應行，此及此不應作之制，其心依耶。若未能作，心生不安否。而反云：

法中雖如彼說，但以今日地方時代之關係，彼不能作，當須如是如是作。輕捨佛語，儘自所知而為前行耳。反心內察，可知上言，洵非誣也。

以是於佛功德，數數思惟，必須勵力令心引起決定。彼若生起則於法及僧，亦起如彼之決定。是為皈依之要處。彼若無者，況云餘道（否則不但其餘之出離心、菩提心等生不起）即，（最初）能改變意念之皈依，亦必無來處矣。

子二、法功德。

法功德者（思惟法功德），應敬佛之因相（當從佛功德之因相著想）。此具有無邊功德之佛者，從教證之法（皆由教證之法），滅道之諦，斷除過失，修行功德，由修及現證而出生也。當如是念，此《攝正法經》之義也。

子三、僧功德。

主要者，是諸聖補特伽羅，彼亦由念法功德（而生，應）於彼如理修習門中而爲憶念，是《攝正法經》義。

癸二、知差別者。

如《攝抉擇》中所言，由知三寶互差別已而皈依之。

癸三、自誓受者。

誓以佛爲所皈依之大師，法之涅槃爲正修行，僧則爲皈依之行伴。（觀待如是之義理而行皈依。如律廣釋中所出。）

癸四、不說有餘皈依處者。

了知內外之大師、教法、學徒等之勝劣已，唯皈依三寶，不皈依於與此不順之大師等。此內外差別中，大師之差別者，佛垢淨而德圓，餘教之師，則與是反。

如《勝出讚》（如士頓尊者所著《殊勝讚》）云：「我捨餘大師，而皈佛世尊，何爲皈依佛，無過具德故。」（彼讚）又云：「於諸外道教，如如而思惟，各各細較量，我心愈信佛。其非遍智宗（謂外道非一切種智宗），以過壞其心，彼心既壞亂，不見無過佛。」

壬四、皈依後應學之次第。分二。

癸初、各別學處。癸二、共同學處。

癸初、各別學處。分二。子初、遮止學處。子二、奉行學處。

子初、遮止學處。

《涅槃經》云：「若皈依三寶，彼即正近事，則於餘天等，終非所皈依。若皈依正法，應斷殺害心。又皈依僧者，不共外道住。」即不皈依餘諸天神，及不損害有情，不與外道共住也。

此中初者，縱世間威光熾盛之天及遍入等，猶非究竟之所皈依者，何況鬼類之地神及龍等哉。

然此乃指於三寶捨信，於彼等依賴者，謂爲不可。非謂於彼等覓爲現前如法事務之助伴，亦不可也。

蓋可如對施主乞作資生具之助伴，於醫師希求療病然。次謂於人畜等，以意樂或加行，作打縛禁閉穿鼻，及不堪負重，強與運載諸損害事，悉應斷之。

第三、對於三寶不信，或且誹謗者，不應隨順也。

子二、奉行學處。分三。一、敬佛像。二、敬佛經。三、敬僧寶。

一、敬佛像者。

佛之塑畫形像，隨爲何種，美惡不應譏彈，置不淨處及質當等。凡不敬重及輕毀等方便，悉當斷除，應視同眞佛，爲可敬之由。《親友書》云：「隨何等木雕佛像，諸有智者咸供養。」又如《戒經》及《雜事》所說，劫毗羅變十八頭摩竭陀魚，及善和尊者貌陋聲雅，各宿世因緣等。又如大瑜伽者（貢巴瓦曾以四錢金請文殊像一尊），持以文殊像問阿底峽尊者曰：此像好惡如何。答云：文殊像無不好者，工稍次耳。語畢置頂。

二、敬佛經。

凡於四句偈以上之法，皆當恭敬，不應質當經典，作爲貨物，擱置露地及污穢處，或與鞋合持，及跨越等，悉當斷除，如法寶而敬焉。

如善知識僅拏瓦，但見佛經，必合掌起立，後年老不能起立，亦必合掌。

又如阿底峽尊者，初抵藏衛時，有一持密咒者，不從彼聽法，一日見一寫經人，以齒垢補經，尊者意良不忍曰：噫，不可，不可。其持咒者歎爲希有，因生信心，即從尊者聞法。又夏惹瓦云：吾等於法，任何遊戲亦作，然對佛法及說法人，不生恭敬，是壞智慧之因，以今之愚，亦云足矣。若較此尤愚，當何至哉。（以今之愚，已屬至極，再愚增上，其何以堪。）

三、敬僧寶。

或是僧衆，或僅具出家相，亦不應呵毀及妄分彼我派別而興仇視，應敬僧如寶焉。如《勸發增上意樂經》云：「樂功德者住林下，他人過失不須視，亦不生心計我勝，及念自己爲第一。此憍是諸放逸本，愼勿輕視劣苾芻，一劫不能得解脫，斯乃聖教之次第。」又格西敦巴（仲登巴）及大瑜伽者，但見黃布碎片於所行地，則不跨越，拾取抖淨，置之淨處。如此行儀，應當隨學。自能於三寶有爾許恭敬，則當感得衆生對己，亦起爾許恭敬故。《三昧王經》云：「造作如是業，當得如是果。」

癸二、共同學處。有六。子初、隨念三寶功德，數數皈依。子二、隨念三寶大恩。子三、隨念大悲。子四、啓白三寶。子五、既知勝利勤修皈依。子六、守護不捨。

子初、隨念三寶功德，數數皈依。

隨念三寶功德者，如前所說內外及三寶相互之差別，與彼等之功德，數數思之。

子二、隨念大恩而勤供養。

隨念三寶大恩者，隨自所生樂善，當知皆是三寶之恩。故當以報恩意樂而行供養。若供飲食而不間斷者，則少用功力而圓滿衆多資糧。於水以上者，任何受用之先，悉應至心而供養之。夏惹瓦云：「非以糕之青者、葉之黃者，當擇精美者供之。」茶亦不宜彈指灑空而供。喻如有田肥美，常應播種時而不播種，任其荒廢。於此能生現後一切利樂之勝田，四季一切時無有間斷，常可播利樂之種，當以信犁耕種福田，如經所說。若不作者，殊爲可惜。於殊勝田，反不如農田之見貴，此乃我輩之不智。故於三寶供養，一切時中當精進行之。如是作者，由勝妙田生長善根之力，於諸道之次第，心力漸能開廣。故於聞不能持其文，思不能解其義，修於身心不能生起，心力最微之時，但依田力，是即教授口訣也。

又供不拘物，唯在自之信心，若有信者，即以壇供及水與無主物供之亦得。

無餘財物，當如是作，倘自有物而不能捨，但云我以無福極貧窮，餘可供物我悉無。則將如博朵瓦云：若以有垢螺碗，稍置草香，而云旃檀冰片之香水者，乃以盲欺明也。

如普穹瓦云：我初時唯有辣味之香草供養，次有四種香甜之香和合而供，今則有紫丁香兜羅脂等上妙薰香可供矣。若嫌微而不供者，則一生之中終無增進之時。若先由微細，殷重引發，漸臻勝妙，如彼所行，當修學之。後彼配香每次以二十兩金辦之。

於資具獲得自在諸大菩薩，猶化身多億，一一身中化百千手等，往一切剎，於諸佛所，經歷多劫而行供養。則諸略有相似功德，便生喜足，而云我不求如是菩提者，是乃於法無知之漫言耳。

《寶雲經》云：於諸嗪怛囉中（經部），聞其所說廣大供養承事，生決定後，當以殊勝增上意樂，於諸佛菩薩而迴向之。

子三、隨念大悲。（自皈依後，勸他皈依。）

隨念大悲者，應以悲心安立諸餘有情，各令隨其所能，令受皈依。

子四、啓白三寶。

啓白三寶者，凡所作事，及有所需，皆應仰賴三寶，以行其與彼等相合之供養。而於與彼不順之黑教等，及其他世俗法，則不當依從。惟宜一切時中，心依三寶耳。

子五、既知勝利，勤修皈依。

一、入佛子數。總建立內外道之理，雖有多種，然依阿底峽及馨底巴等，則以皈依為判別，是當屬於得皈依體而未捨未失者也。若爾，則最初入佛子數者，是以三寶以至誠心認為大師、正法、良伴。此心若無，則任作何種善業，皆非佛弟子也。

二、諸戒之本。《俱舍論註》云：諸皈依者，乃進受一切律儀之門是也。

（月稱）《皈依七十頌》云：「近事皈依於三寶，彼是八種戒之根。」意謂以皈依而堅固涅槃之心，從此感發戒體也。

三、滅滅諸障。《集學論》中，為示皈依能淨罪垢故，曾引一豬之緣起為喻。謂昔有將轉生為豬之天子，由皈依故，未生豬中。頌曰：「若皈依佛陀，則不墮惡趣，捨此人身後，彼當獲天身。」

於法及僧，亦如是說。

四、集廣大福。如《攝波羅密多論》云：「皈依福有色，三界器嫌小，如大海水藏，瓢所不能量。」

五、不墮惡趣。

六、人與非人不能爲災，均如前應知。

七、（隨願皆成）。隨作何種如法之事，若能先於三寶供養皈依請白者，當易得成辦。

八、速得成佛。如《獅子請問經》云：「以信斷無暇。」由得閒暇，遇皈依境，入殊勝道，不久便當作佛。以念如是等勝利，須於晝三夜三而行皈依。

子六、守護不捨者。

身命受用，終須捨離，若因彼故，而捨三寶者，則一切生中常爲苦逼。故當立誓自決，任遇何緣，乃至失命，皆不捨離皈依。雖爲戲笑，亦不說捨三寶之言也。

或謂行趣何方，便當皈依何方之佛。此學處出自何經，未見其所據也。

上述共同學處六條，出《道炬論》註釋。其各別學處中，初之三條出自經藏。後之三者，則爲《六支皈依》所說。

違越學處，遂成退失皈依之因者，謂違於雖遇命難亦不捨離三寶一條，以是正捨皈依故。又於三寶雖未作棄捨，然若妄執與三寶相背之外道大師等與三寶功德無異者，亦即違犯不說有餘皈依處一條。既於皈依不能堅決信解，故亦成棄捨。除此二事，若犯餘條，則但違越學處，非捨離三寶之因也。

皈依者，（如是所講皈依因、皈依境、皈依學處。）是入佛法之勝門，若有非僅口頭皈依之眞誠心。以依止如是最勝力故，內外災障皆不能侵。諸勝功德，易生難壞，輾轉向上增長。故當如前所說，畏苦及念德門中，努力皈依，並不違越所受學處，斯爲最要也。

略論卷二竟

菩提道次第略論卷三

宗喀巴大師造
大勇法師講譯　智湛居士筆錄
法尊法師補譯　校塵空治潤
昂旺朗吉堪布口授校對

辛二、生起決定信為諸善之根本。分三。壬初、思惟業果總相。壬二、思惟差別相。壬三、思已應行止之法。

壬初、思惟業果總相。分二。癸初、正明思惟總相之法。癸二、各別思惟。

癸初、正明思惟總相之法。分四。子初、業決定之理。子二、業增長廣大。子三、業不作不得。子四、業作已不失。

子初、業決定之理。

謂諸異生及聖者，下至生於有情地獄，僅依涼風生起以上之一切適悅樂受者，悉從往昔所集善業出生，若從不善而生樂者，無有是處。又下至阿羅漢身中所受熱惱之苦以上，一切皆從往昔所集不善業生，謂善業生苦者，亦無是處。《寶鬘論》云：「從不善生苦，而有諸惡道，從善有樂趣，並生諸安樂。」是故諸苦樂者，非從無因，及自性大自在等不順因生。乃從善不善之總業生總樂苦，及諸種種別苦樂，亦從種種別別二業別別而生，無有爽誤也。於此不虛謬之業果，能決定者，說為一切諸佛子之正見，讚為一切白法之根本也。

子二、業增長廣大。

由小善業能生甚大樂果。又由小惡業，亦能生甚大苦果。蓋內因果之增長廣大，迥非外因果之增長廣大所可及。如《集法句》（《聚—集句經》）云：「雖作微小惡，後世招大怖，能有大損失，如毒入腹中。雖作小福業，後世感大樂，能成大義利，如穀實成熟。」

子三、業不作不得。

若於感受苦樂之因，業未積集者，則其苦樂之果，決定不生。然於佛所積聚無量資糧之果，諸受用者，雖不須集彼一切因，亦須集其一分也。

子四、業作已不失。

諸作善不善業者，出生悅意不悅意之果。《殊勝讚》云：「彼諸婆羅門，謂福罪可換，佛說作不壞，不作則不遇。」《三昧王經》亦云：「作已無不受，亦無受他作。」《戒經》（《毘賴耶阿笈摩》）云：「假使經百劫，所作業不亡，因緣會遇時，果報還自受。」

癸二、各別思惟。分二。子初、正明十業道。子二、抉擇業及果。

子初、正明十業道。

如是已知苦樂因果各各決定，及業增長廣大，不作不遇，作已不失者，當先於業果之理，如何發起決定而取捨耶。

總之，善行惡行運轉之門，決定爲三，十業道雖攝不盡三門之一切善不善業，然善不善之諸粗顯重罪，世尊攝其要者，說十黑業道，若斷除彼等，則大義之要，亦攝入十，故說爲十白業道也。《俱舍頌》云：「於中攝粗重，善不善隨類，說爲十業道。」《戒經》亦云：「護語及護意，身不作諸惡，此三業道淨，當得大仙道。」是故《十地經》中稱讚斷十不善戒律之義。《入中論》亦攝云：「諸異生類及聲聞獨覺定性與菩薩，決定善及現上因，除尸羅外更無餘。」如是若於一種尸羅亦不數數修防護心而防守之，而云我是大乘，此誠極爲下劣。

《地藏經》云：「以此十善業道，當得成佛，若人乃至存活以來，下至一善業道亦不護持，猶云我是大乘，我是求無上正等菩提者，此補特伽羅最爲詭詐，說大妄語，於一切佛前欺誑世間而說斷滅。如其愚蒙自作，其死必顚倒墮落。」言顚墮者，當知一切惡趣之異名也。

子二、抉擇業果。分三。丑初、黑業果。丑二、白業果。丑三、別釋業之差別。

丑初、黑業果。分三。寅初、正明黑業道。寅二、輕重差別。寅三、釋彼等果。

寅初、正明黑業道。分十。

卯初、殺業。

此中殺生之事者，謂他有情。於意樂三中，想者有四，謂如於有情作有情想及非有情想，於非有情作非有情想及有情想，想之一三不亂，二四者錯亂也。於彼發起有差別者，如欲唯殺天授而起加行，若誤殺祠授者，則不成根本正罪。蓋於彼中須想不亂。若於加行時，有念任誰亦殺之，總發起者，則無須錯亂與不錯之別矣。以此理趣，於餘九中，如應當知。煩惱者，三毒隨一皆可。發起者，希欲殺害。加行者，自作或教他作，二者皆同。加行體性者，或器或毒、或明或咒等門中，隨一而作。究竟者，謂以彼加行爲緣，或即爾時，或於餘時，死在己先也。

卯二、盜業。

不與取之事者，謂隨一他所守持之物，意樂三中，想及煩惱如前，發起者，他雖未許，而欲令彼物離其原處也。加行中之作者如前。加行體性者，以勢劫暗盜，任何所作亦同。又或借債及受寄託，以餘諂誑方便，不與而取。若爲自爲他，或爲損惱彼等而故作者，皆成不與取業。究竟者，謂生得心。又若教他或劫或盜，彼生得心，即足成罪。譬如遣使殺他，隨彼死時，自雖不知，使殺者即生根本罪也。

卯三、邪淫。

邪淫之事有四：非所應行者，謂母等及諸母所守護之女人，并諸男與不男及出家女也。非支者，除產門外之口等也。非處者，如師長等之附近，塔寺處等。非時者，婦女孕期中，或住齋戒等也。意樂三中之想者，《攝抉擇分》云：「於彼彼想。」謂須不錯亂。毘奈耶中不淨行之他勝罪，謂想亂不亂悉同。《俱舍註》云：「於他人妻作己之妻想而行欲者，不成業道，於他妻作餘人之妻想而行欲者，成與不成，其有二說。」煩惱者，三毒俱可。發起者，欲行不淨行。加行者，於彼事進趣。究竟者，兩兩交會。

卯四、妄語。

妄語之事有二，謂見聞覺知四，又與彼相反之四也。所知境者，能解義之他有情也。意樂三中之想者，於見等，欲言不見等。煩惱者，三種皆可。發起者，欲變更而說。加行者，或語，或默然忍受，或動身表相，爲自爲他而說亦同。此中妄語、離間、惡口三者，雖教他作，亦成彼罪。《俱舍註》中謂：語業四種，教他亦成業道。毘奈耶中則言生彼等之究竟罪，須自說也。究竟者，他了解也。若其不解，僅成綺語，此《俱舍註》中說也。離間、惡口，亦同之。

卯五、離間語。

離間語之事者，謂諸和順及不和順有情。意樂三中，想及煩惱同前。發起者，於和順有情，欲令離間，於不和者欲不和合也。加行者，隨以諦實不實之語及雅非雅之詞，爲自爲他而說俱可。究竟者，離間之語，他了解也。

卯六、粗惡語。

粗惡語之事者，謂所忿恨之有情。意樂中，想及煩惱同上。發起者，欲說粗惡語。加行者，隨以實不實之語，依彼種姓身體、戒律威儀等過失，而說不和雅之言。究竟者，隨其所說之境，彼解其義也。

卯七、綺語。

綺語之事者，即諸無義利之言。意樂三中之想者，謂於彼作彼想。然此中即於所欲說之事，隨想而說，不須了解之對境。煩惱者，三種隨一。發起者，欲不相續之雜亂而說。加行者，於綺（語）說進趣。究竟者，說綺語竟也。

卯八、貪業。

貪心之事者，謂他之財物資具。意樂三中之想者，於彼事作彼想。

煩惱者，三種隨一。發起者，欲屬爲我之所有。加行者，於所思事進趣而作。究意者，想彼財物等，願當屬我也。

卯九、瞋業。

瞋心之事及想與煩惱，同粗惡語。發起者，欲爲打等。或作是念，曷當令其被殺及縛，又或由他緣，或自任運，於其受用而成衰敗。加行者，於彼所思而作加行。究竟者，決定爲打等之事。

卯十、邪見。

邪見之事者，實有之事也。意樂三中之想者，於所謗事爲諦實想。煩惱者，三毒隨一。發起者，欲爲誹謗。加行者，於其所思，加行進趣。此復有四：於因謗者，謂無善行惡行等。於果謗者，謂無善惡二者之異熟。於作用謗中又分三，謗殖種及持種之作用者，謂無父殖種、無母持種也。謗去來之作用者，謂無從前世來於此世，及由此世趣於後世也。謗當生之作用者，謂無化生之「中有」有情也。於實有謗者，謂無阿羅漢等。究竟者，決定誹謗也。此中意業思者，是業非業道。身語七支者是業。以是思惟所履之事故，亦是業道。貪心等三者，是業道而非業也。

寅二、輕重差別。分二。卯初、十業道之輕重。卯二、兼略釋具力之業門。

卯初、十業道之輕重。

《本地分》中說，六種業重：一、現行者。謂以三毒，或極猛利無彼三毒所發起業。二、串習者，謂於長時親近修習，若多修習善不善業。三、自性者。謂身語七支，前前重於後後，意之三業後後重於前前。四、事者。謂於佛法僧師長等處，爲損爲益，名重事業。五、所治一類者，謂一向受行諸不善業，乃至壽盡而無一善。六、所治損害者。謂斷所對治諸不善業，遠離貪等，令諸善業離欲清淨。

《親友書》亦云：「恆時耽著無對治，具德所依業由生，善與不善五大端，當勤修習彼善行。」此以三寶等爲功德所依，父母等爲有恩所依，分之爲二則成五也。

卯二、兼略釋具力之業門。分四。辰初、田門力大。辰二、依門力大。辰三、物門力大。辰四、意樂門力大。

辰初、田門力大。

田者，罪福之田也。三寶、尊長及等同尊長與父母等是。於此等前，雖無猛利意樂，稍作損益，罪福大故。

又《念住經》云：「若三寶之物，雖極微小，不與而取，後仍歸還。其物屬佛及法者，即當清淨。倘屬於僧，則在僧未受用以前，不成清淨。若係食物，則墮大地獄。若是餘物，當於無間近邊之大黑暗獄中受生也。」

菩薩者，爲最有大力之善不善田，如《入生信力印經》云：「若以忿心背菩薩坐，而作是言，此極惡人，我不看視。較以忿心將十方一切有情逼入黑暗獄中，罪尤重大，而無可數量。又於菩薩生瞋害心，出不雅言，較將盡恆河沙數諸窣堵波毀壞、焚燒，所生之罪，如上所說。」

《入定不定印經》云：「若於勝解大乘菩薩前，淨信瞻視，稱揚讚歎。較將十方剜眼有情，以慈愍心，仍生其眼。復將前諸有情放出牢獄，於轉輪王位或梵天樂而安立之，所生福德，尤為超勝，無可數量。」

《最極寂靜神變經》云：「若於菩薩所修善行，下至一摶之食，施與傍生之善，為作障難。較殺南贍部洲一切有情，或劫奪其一切財物，所生之罪，尤無數量。」故於此處，應極愼重。

辰二、依門力大。

如鐵丸入水，雖小沉底，若作成器，雖大上浮，不善巧者與善巧者所作之罪重輕亦同。蓋謂追悔先罪，守護後惡，罪不覆藏，修善對治者，是為善巧。若不如是而作，從輕懱門中，知而故行，善巧自矜者，是則重焉。

《寶蘊經》亦云：「假使三千世界一切有情，皆住大乘，具轉輪王位，一一持燈，油如大海，炷如須彌，供養佛塔，較之出家菩薩以燈炷沾油供於塔前，其福百分之一亦不能及。」此中意樂及田，皆無差別，而物之相差雖鉅，以依之力也明矣。由是理推之，則以戒之有無，或具一具二具三之身而修行者，亦諸後後較之前前之進步爲迅速也，亦甚明。如以在家修布施等時，亦以住於齋戒者所作，與無戒者所作，二善根力之大小，迥然不同焉。《治罰毀戒經》云：「若破戒苾芻，以大仙幢相（身著三衣）覆身，於一日夜受用信施，所集罪垢，較之一具足十不善之人長時無間、於百年中積集其罪，尤爲衆多。」此亦由依門之罪大也。《戒經》（《分辯笈摩經》）亦云：「猛燄熱鐵丸，吞之猶爲勝，不以破戒身，向聚落乞食。」此說毀戒（犯戒）及戒緩（包括對於學處放逸而言）之二者，敦巴云：「依於法之罪中，則十不善罪，是少分耳。」誠哉斯言。

辰三、物門力大。

布施有情中之法施，與供養佛中之修行供養者，較之財物施供，特別超勝。據此爲例，餘亦當知。

辰四、意樂門力大。

《寶蘊經》（即《寶積經》）云：「若有菩薩，不離希求一切種智之心，雖僅散一花，其所得福，較之三千世界之一切有情，各建佛塔，量等須彌，復於彼等塔，盡恆沙數劫，以一切承事而爲供養，所得福德，前者爲多。」

如是以所得勝劣及緣自他義利等之意樂差別。復於猛緩，久暫諸門，應當了知。於惡行中，亦以煩惱猛利恆長者力大，然彼中尤以瞋恚力爲尤大。

《入行論》云：「千劫所積施，及供如來等，凡其諸善行，一瞋皆能壞。」

又或於同梵行者，彼中更以瞋菩薩爲極重。《三昧王經》云：「若一於一作害心，持戒聞法不能救，靜慮及住阿蘭若，施與供佛皆莫救。」

寅三、釋彼等果。分三。卯初、異熟果。卯二、等流果。卯三、增上果。

卯初、異熟果。

十惡業道，一一依於大中小之三毒而有三品也。彼中殺生者十，大者一一能感地獄，中十一一餓鬼中生，小十一一畜生中生。此《本地分》所說。《十地經》中，小中二果，其說相反。

卯二、等流果。

出惡趣已，雖生人中，如其次第，壽命短促，受用匱乏，妻不貞良，多遭毀謗，親朋乖離，聞違意聲，他不受語，貪瞋愚癡，三者增上。

卯三、增上果。

殺生者，能感外器世間所有飲食藥果等，微少無力。不與取者，常值旱潦，果實鮮少等。欲邪行者，污泥糞穢，心所不樂等。妄語者，農事船業，不興盛等。離間語者，地不平坦，高下難行等。粗惡語者，地多株杌荊棘瓦石沙礫渣垢等。綺語者，果不結實，或非時結果等。貪心者，一切盛事年月日夜轉衰微等。瞋心者，多有疫癘災害兵戈等。邪見者，於器世間勝妙生源，漸見隱沒等。

丑二、白業果。

白業者，於殺生、不與取、欲邪行中，思其過患，具足善心，而作防護彼等之加行，與防護究竟之身業也。如是語四、意三，亦如是配。

其差別者，當說爲語業意業。此《本地分》中所說。事及意樂、加行、究竟等，隨類配之。如配斷殺生業道，事者，爲他有情。意樂者，見過患已而欲斷除。加行者，於殺正防護而行。究竟者，正防護圓滿之身業也。依於此理，餘亦當知。此中三果，初異熟者，以下中上善業，於人及欲天上二界中生也。等流、增上二果，反不善業而配之，如理應知。

丑三、別釋業之差別。分三。寅初、引滿別。寅二、定不定受別。寅三、決定受別。（此處依上師口授，與勇譯義略異。）

寅初、引滿之差別。

樂趣引業爲善，惡趣引業不善，是也。滿業則無一定，雖生樂趣，猶有支節及根不全、顏色醜陋、短壽多病、貧窮等者，以不善而感也。於傍生、餓鬼，亦有受用豐饒者，善所感也。如是於引業爲善引中，滿業亦有善與不善業二種。引業爲不善引中，滿業亦有善與不善業二種，共爲四句也。

寅二、定不定受差別。

定受者，謂故思而作及積聚也。不定受者，不故思作與未積聚也。作與積聚之差別中，作者謂思或思已所起之身語也。積聚者，除夢所作等十種不屬之業也。未積聚者，夢所作等十業也。

寅三、決定受差別。

於決定受中，依受果時期有三，謂現法受者，彼業之果，於彼生受之。順生受者，二世受果也。順後受者，三世之外而受也。

壬二、思惟差別相。

思惟差別相者，斷十不善，雖亦能得賢妙之身。然若能有一德相完全修習一切智之身者，則修道之進步，非餘能比。故應修求如是之身，此中分二：

癸初、異熟之功德及業用。癸二、異熟之因。

癸初、異熟之功德及業用。

初中有八：一、壽量圓滿。以先引業，感得長壽，如引而住。以是於自他義利，能長時中多集善業。

二、形色圓滿。形色姝妙，根無不全，豎橫相稱。以是所化機等，見生歡喜，聽從教授。

三、種族圓滿。於世間敬重，共所稱讚之高姓中生。以是勸導，無所違越。

四、自在圓滿。有大財位及廣大朋翼僚屬。以是攝諸有情而成熟之。

五、信言圓滿（威信圓滿）。由以身語不誑他故。令諸有情信受其語，以是能以四攝攝受有情，令其成熟。

六、大勢名稱（圓滿）。具足勤修施等功德，成諸衆生所供養處，以是於他一切事業而爲助伴，他便爲欲報恩故，速聽教化。

七、男性具足。具足男根，以是爲一切功德之器，以欲精進增長智慧，處衆無畏，與諸有情，能爲共行，或處閑靜，無能爲礙。

八、大力具足。以先業力，性少疾損，或全無病，以現世緣，有大勇悍。以是於自他之事，無所疲厭，堅固勇猛，得思察力，速證通慧。

癸二、異熟之因亦有八。

初者，於諸有情不加傷害，及遠離傷害之意樂。如有頌云：「若到殺生場，施放作饒益，遮止害有情，當能得長壽。恆作侍疾人，並施醫與藥，不杖石損他，當感得無病。」

第二、惠施燈明及鮮淨衣等（能感形色圓滿）。如云（如前論云）：「依於無忿惱，以施感妙色，不嫉妒果者，說感妙同分。」

第三、摧伏我慢，於師長前及餘人所敬重若僕。
第四、於求衣食等者，常行惠施，縱其不求，亦作饒益，及於苦惱，具德之悲敬田中，無資具者，悉作佈施。
第五、修習斷除四種不善之語。
第六、發願自於後世能修種種功德。且於三寶父母、聲聞獨覺、和尙、阿闍黎諸師長所，而修供養。
第七、樂丈夫德，厭婦女身，深見過患，於諸貪著女身之輩，遮止其欲，斷男根者，爲作解脫。
第八、他所不能，我爲代作。於可共合，爲作助伴，並施飲食。
彼八種中，若具三緣，當得殊勝異熟。
三緣者，（一、心清淨。二、加行清淨。三、田力清淨。）心清淨中（復分自他之二），觀待於自有二：㈠、修諸善因，迴向無上菩提，不希異熟。及㈡、意樂至誠猛利而修諸因也。（以純厚意、決定意，猛利修善。）觀待於他有二：㈠、見同法者，（同法者，如自行施，他亦行施，同心一德者是。）上中下三（品），斷除嫉妒、校量、毀呰（輕侮比賽之心），心生隨喜（勤修隨喜）。㈡、若不能者，亦應日日於其所行，多次觀察焉。（即不能如是，亦應日日多次觀察他所作事，見賢思齊。）加行清淨中（亦分二）：㈠、觀待自者，長時無間猛利所作（自方對八因長時殷重而作）。㈡、觀待他者，未受正行，讚美令受。諸已受者，讚美令喜，常恆無間，安住不捨。（他方未修八因者，讚彼令修，已修者，讚之令增。）田清淨者，即彼二種意樂加行，獲多美果等同田也。（田清淨中，即彼意樂加行所得之二果，美妙繁多，其力如田，故稱田清淨。）

壬三、思已應行止之法。

癸初、總示。癸二、別以四力淨修之法。

癸初、總示。

《入行論》云：「從不善生苦，如何從彼脫，我晝夜常時，唯思此應理。」（此頌即謂應常思業果理趣之意。）又云（前論又云）：「一切善品根，佛說勝解是，又彼之根本，常修觀異熟。」

知黑白業果已，當數數修習，以其最極隱覆，難獲決定故。如《三昧王經》云：「月星可隕墜，山邑可崩壞，虛空變爲餘，佛不說虛語。」於如來語須生決定信。在未獲此無僞決定以前，隨學何法，亦不得佛所歡喜之決定也。

有一類人，自謂於空性已獲決定，於業果未能決定，於彼不作數者，其於空性之見解成顚倒矣。達空性者，即於空性見爲緣起之義，能爲於業果生決定之助伴故也。

前經又云：「如同幻泡幻燄電，一切諸法似水月，雖然不緣身死後，往他世之數取趣。但已作業非成無，當如黑白熟其果，此道理門甚奧妙，微細難見佛行境。」

以是當於黑白二業因果，生起決定，常於晝夜觀察三業門，斷絕惡趣。若初於業果差別，未能善巧，或稍了知，而三門放逸者，是唯開惡趣之門。

《海問經》云：「龍王諸菩薩，以一法而能正斷險惡趣之顚倒墮落，一法爲何，謂於諸善法數數觀察，念我如何住此度諸晝夜。」

如是思已，遮止惡行之法者，《諦者品》云：「大王，汝莫殺生命，衆生於命極護惜，是以欲保長壽者，心中亦不思斷命。」於十不善等諸罪，雖唯發起之心，亦不可輕（於）動（念），應多修習防護也。

康隆巴對普穹瓦云：「格西敦巴謂唯業果甚關重要，吾意現今講說聞修皆非希罕，唯修此業果者，難矣。」普穹瓦報曰：「如彼當作。」又敦巴云：「仁者，心量莫粗，此緣起甚細。」普穹瓦云：「我於老時，唯依靠《賢愚因緣經》。」夏惹瓦云：「隨生何過，佛不責餘，咸謂以作此緣，今生此過也。」

癸二、別以四力淨修之法。

如是於諸惡行，亟應努力無使有染，若因放逸及煩惱熾盛等緣而生罪者，亦不可任意放置，當須勵力於佛大悲所說出罪方便。又彼墮罪還淨之儀軌者，如三種戒中別別所說。罪還淨者，當依四力。

第一能破力者，謂於無始來所作不善，多起追悔。欲生此心者，須修能感苦異熟等三種果之理趣，修時可依《金光明懺》，及《三十五佛懺法》二種而作。

第二對治現行力，有六：一、依《般若》等經句，受持讀誦等也。

二、依勝解空性，住入無我而明顯之法性，深信本來清淨也。

三、依持誦百字等諸殊勝陀羅尼，如儀軌而持誦之。《妙臂經》云：「猶如四月火焚林，無有遮障然遍野，以念誦火戒風燃，精進猛焰燒罪惡。猶如日光照雪山，不堪威光而消融，戒日光明念誦熾，罪惡雪山亦歸盡。如於暗中置燈光，黑暗無餘而除滅，千生所集罪黑暗，以念誦燈速遣除。」此復乃至未見罪淨相而誦之。相者，謂於夢中夢吐惡食，又飲乳等，或飲或吐，或見日月，或於空行，或遇猛火、水牛黑人，或見苾芻苾芻尼之僧衆，或出乳樹、象及牛王、山與獅子座，并微妙宮殿而爲上昇，或夢聞法。此《準提陀羅尼》中說也。

四、依形像力。於佛獲信已，塑其形像也。

五、依供養力。於佛及塔，興種種供養也。

六、依名號力。於佛及諸大菩薩名號，聞而持之。此等唯是《集學論》中所正出者，餘亦多矣。

第三、遮止力者，謂正防護十不善也。以是能摧昔所造作一切自作教作隨喜他作之殺生等三門惑業，及法之障。此《日藏經》中說。意謂若無至誠防護之心而懺者，僅成空言，故律中問「後防護否」，廣釋中說也。是故後不更作之防護心，頗爲重要。然此心生起，又從初力而自在也。

第四、依止力者，皈依三寶，修菩提心也。

總之，佛爲初心學人，雖說多種懺悔之門，然對治圓滿者，四力爲善也。

罪淨規者，於諸當生惡趣大苦之因，轉生小苦因，或雖生惡趣，竟不受苦，或但於現身稍患頭痛等，即成清淨。如是諸須長期受苦之罪，或成短促，或竟不受。此亦視懺者力有強弱，及四力對治全與不全，力勢急緩，時期長短，以爲等差，而未有一定也。

經及律中謂「假使經百劫，所作業不亡」者，蓋對諸不修四力對治者而言。若以四力如說而懺者，則雖定當受果，亦能清淨。此《八千頌釋》中說也。由是諸以懺悔及防止等力，而壞出生異熟之功能者，縱遇餘緣，果必不生。如以邪見瞋恚斷壞善根，彼亦同之。此《分別熾然論》（《燒戲論》）中說也。

然以懺護清淨，雖能令無遺餘，若初無罪染之清淨，與懺已而淨之二，則大有差別。如《菩薩地》中言，根本罪生，雖能重受還淨，然於現生不能證得初地。

經（《研磨經》）中亦云：若生經中所說一種謗法之罪，於七年中，每日三時懺悔，罪雖清淨。然任如何疾速，欲得忍位時，須經十劫也。以是無餘清淨之義者，是於不悅意之果清淨無餘。生起證道等者，則爲甚遠。故於從初無染，當勵力焉。是故說言，諸聖者等雖爲命難，亦於小罪不知而故行。倘若懺淨與初即不生二者無別，則無須如是作矣。譬如世間傷損手足，後雖治愈，然與初未傷損，終不同也。

己二、發心之量者，往者爲求現世，心不虛僞，於求後世，僅隨言辭轉耳。若能易地而觀，求後爲主，求現爲兼者，是即生也。雖然，尤須堅固，彼雖生已，仍當努力修之。

己三、除邪分別者，有一類人，以經言，於一切世間圓滿，皆須棄捨。而作錯亂之根據，作如是想，謂受用等圓滿善趣者，不出世間故，於彼希求不應理也。夫於所求，有現時及究竟所求二種，世間身等圓滿者，雖求解脫人，現時亦所當求，由依彼身漸次輾轉而得決定善故也。所有一切身財眷屬圓滿之善趣，非皆世間之所攝。身等圓滿究竟者，是佛色身，及彼之剎土、彼之眷屬等故也。

於彼密意，故《莊嚴經論》中說，以前四度，成辦身受用眷屬圓滿之善趣。又多經中亦說以彼等而成辦色身也。已釋共下士道修心之次第竟。

如是念死及思惟死後墮惡趣之理，反此世心而生起希求後世之樂趣，次從共同皈依，及觀黑白業果決定門中，勵力斷罪修善。如是於樂趣之位雖定可得，然不可執彼少許為足，乃生起共下士之意樂，及生共中士遮止於一切世間耽著之意樂。依彼以發生菩提心而引導於上士。故須修共中士之意樂也。蓋謂雖能得人天之位，以猶未能越行苦故，於彼執為自性樂者，實為顛倒。若以正言，全無安樂，其後仍決定墮於惡趣，終苦故也。

共中士道

戊二、與中士所共修心之道次第。分四。己初、正修此心。己二、發心之量。己三、除邪分別。己四、決擇能趣解脫道之自性。

己初、正修此心。

庚初、認定求解脫之心。庚二、生此心之方便。

庚初、認定求解脫之心。

初言解脫者，謂從縛而解脫也。彼惑業二者，是世間之能縛，由彼二種增上，以界分之，有欲界等三，以趣別之，有天等五、或六，於生處之門，有胎等四，結蘊相續者，是縛之體性，從彼脫者，即解脫也。欲得彼者，即求解脫之心也。

庚二、生此心之方便。

譬之欲解渴苦，先是見渴苦有不欲樂而爲自在。如是欲得寂滅取蘊苦之解脫者，亦由見取蘊苦之過患而得自在。若不修三有過患，起欲捨彼之心者，則於滅彼苦之解脫，即不生欲得之心。《四百頌》云：「於此若無厭，豈復愛寂滅。（於彼若無厭，豈能敬涅槃，如貪著自家，難出此三有。）」

生此心之方便又分二。辛初、思惟苦諦流轉之過患。辛二、思惟集諦趣入於流轉之次第。

辛初、思惟苦諦流轉之過患。分二。壬初、釋四諦先說苦諦之密意。壬二、正明修苦。

壬初、釋四諦先說苦諦之密意。

集者是因，苦諦是彼之果，是集先苦後。何故世尊不順彼之漸次，而云諸苾芻，此是苦聖諦，此是集聖諦耶。大師於彼反因果次第而說者，以有修持之要義，故無過失也。此復云何，謂諸衆生，若不先生無倒欲求解脫之心，則根本已斷，其於解脫如何引導。蓋所化之機，原爲無明暗覆，於世間圓滿之苦，倒執爲樂，被彼欺誑。

如《四百頌》云：「於此苦海中，周遍無邊際，汝沉於其中，云何不生畏。」

此中以正言之，純苦無樂。說多苦相，令生厭患，故苦諦先說也。由是若自見墮於苦海，欲從彼解脫者，必須斷苦。然若未斷苦因，知不能遮止，即思苦因爲何，而令知集諦。故於彼後說集諦也。次知世間苦，從有漏業生，業以惑起，惑之根本，厥爲我執，便知集諦。若見我執亦能斷滅，即誓於滅苦之滅諦而求現證，故說滅諦於彼後也。

或有難曰：若爾，示苦諦已，便起求脫之心，於苦諦後說滅諦，亦應理也。然此無過失，爾時雖欲滅苦而希解脫，然猶未認識苦因，未見彼因能斷，即思當得現證滅諦之解脫，然未決也。如是若認識現證解脫滅諦者，即念何爲趣彼之道，轉入道諦，故道諦後說也。

如是四諦者，於一切大小乘中，多次宣說，以是善逝總攝流轉世間及還滅世間之諸要處故，於修解脫最爲切要。故於如是次第引導弟子也。

若但從思惟苦諦門中，於世間輪迴無一實能遮止其耽著者，則欲得解脫，唯成虛語。任何所作，俱成集諦。若但從思集門中，不善了知世間根本諸惑業者，如射箭未認鵠的，此是遮斷正道之諸扼要處，而於非解脫三有之道，執以爲是，必勞而無果。若未知所斷之苦集，則亦不識彼寂滅之解脫，雖言求解脫，亦唯矜慢而已矣。

壬二、正明修苦。分二。癸初、思惟流轉總苦。癸二、思惟別苦。

癸初、思惟流轉總苦。分二。子初、思惟八苦。子二、思惟六苦。

子初、思惟八苦。

修一切共中士所緣品類，諸共同者，凡下士中所說者，於此亦應取修。諸不共之所修者，若有慧力，如書所示而修之。若心力弱者，則當捨所引教，隨於何處，唯修宗要正義。此等雖是觀察修，然亦除彼等所修之境外，任何其餘之善不善無記上，不應放置其心，當於所緣滅掉舉等，睡眠昏沉，俱不放縱，令心極明淨，從澄寂中漸次修之。

《入行論》云：「念誦苦行等，雖常時修習，心餘散亂者，佛說爲無義。」蓋謂意於餘散亂之一切善行，其果皆微小故。

又《大乘修信經》亦云：「善男子，雖以此異門，如是諸菩薩信於大乘（隨其所有信解大乘），從大乘所出生，任隨何種彼一切者，當知皆從以無散心（皆是由其不散亂心），正思法義而出生也。」彼中無散心者，謂除善所緣，於餘不散亂。義及法者，謂義同文也。

正思惟者，以數數分別心觀察而思也。以彼顯示修一切功德之法，必須彼二也。以是之故，謂於三乘修一切德，皆須心除所緣，不應於餘散亂，正住於專一之止，或彼隨順，及正於善緣別別觀察如所有與盡所有之觀，或彼隨順，以此二種爲須要焉。如是《解深密經》亦云：「慈氏，或諸聲聞，或諸菩薩，或諸如來，所有世間或出世間一切善法，當知亦是此奢摩他、毗鉢舍那之果。」於此若不行正止觀及二隨順，則三乘一切功德，爲正止觀之果無決定也。

此八苦者，第一思惟生苦中有五：一、生爲衆苦所隨。謂地獄有情，及一類純苦之餓鬼，并胎生卵生之四。彼等於生時，即具多種猛利苦受而生也。二、生爲粗重所隨。謂煩惱生住增長之種子，隨順和合，於善安住無所堪能，亦復不能隨欲而轉。三、生爲衆苦所依。依於三界而受生故，老病死等苦便增廣。四、生爲煩惱所依。謂若生世間，於貪瞋癡境三毒自生。由此身心極不寂靜，唯苦無樂，以諸煩惱從多門中逼迫身心也。五、生爲不隨所欲法爾離別。謂一切生之邊際，莫越於死，雖非所欲，但能令受苦。於彼等苦須數數而思之。

第二、思惟老苦中有五：一、盛色衰退。謂腰若弓曲，頭如花白，額類砧板，縐紋滿面等盛色衰退，不可愛樂。二、氣力衰退。謂坐如重負斷繩，立同拔舉樹根，言詞艱鈍，行步遲緩等。三、諸根衰退者。謂眼等於色等境，不能明了而見。以多忘念故，念等之力漸減也。四、受用境界衰退。謂於飲食等不易消化，於餘欲塵，亦無能受用也。五、壽量衰退。謂壽盡泰半，漸近於死。於是等苦，當數數思之。僅弩瓦云：「死苦雖烈，爲時尚短，此老苦則尤烈也。」迦馬瓦云：「老漸漸來，稍容易受，若同時而來，殊無法可忍矣。」

第三、思惟病苦中有五：一、身性變壞。謂身肉消瘦，皮乾枯等。二、憂苦增長而住。謂身中水等諸界，輕重錯亂，逼惱其身，以是於心生起憂惱而度日夜也。三、可意境不能受用。謂諸可意境，若云於病有損，則不能如欲受用。如是所欲之威儀，亦令無能動作也。四、於不可意境，非其所欲，須強受用。謂非所悅意藥飲食等，須強受用。如是火燒針刺等諸粗猛觸，亦須忍受。五、能令命根速離壞。謂見病不可治，生諸苦也。於彼等苦，須細思之。
第四、思惟死苦有五，謂當捨離受用、朋翼、眷屬、自身，四種可愛圓滿之境，及其命終時，備受種種極重憂苦也。於此諸苦，乃至未成厭患，當數數修之。前四亦成苦之理者，謂見與彼等相離，而生悲苦也。
第五、怨憎會苦有五，與怨敵會，即生憂苦，與畏彼治罰之所依止，以惡名而畏懼，以苦逼命終而怖之，及越法死後疑墮惡趣而爲恐懼，於彼等應思也。
第六、愛別離苦有五，由離最愛之親屬等，以是於心而生憂惱，發怨嘆言，心生擾惱，念彼才德欲戀逼心，及彼之受用有所闕乏。
如是而思之。
第七、思惟求不得苦有五，此用同別離苦。求不得者，雖作農而秋實不登，雖經商而利息不獲等，於其所欲，雖努力求之亦不得，心灰意冷而成苦也。
第八、總之說思惟五取蘊苦之義有五，謂當成衆苦之器，已成衆苦所依之器，是苦苦器，是壞苦器及行苦性，於彼等當數數思之。此中初者，謂依受此五取蘊，能引以後之苦也。第二者，謂此已成之蘊，爲能依之老病等之所依也。第三第四者，謂彼苦之粗重，隨順和合，故生彼二也。第五者，謂但成取蘊，即於行苦性中生，以先惑業自在之一切行，皆是行苦故也。若於取蘊性之世間，未生起眞正之厭患，則眞求解脫之心，無所從出。而於有情流轉世間，亦無生起大悲之方便，故任隨趣入大小何乘，此種意樂極爲重要也。

子二、思惟六苦者，《親友書》中說：爲無有決定，不知滿足，數數捨身，數數受生，數數高下，無伴之過六者，復攝爲三，謂於流轉中不可保信，於彼之樂任其受用亦無厭足之邊際，從無始而住也。初中有四，於所得身不可保信者，謂數數捨身也。於作損益不可保信者，父子母妻之轉變，及親怨之變易等，無決定也。於得圓滿不可保信者，從高而墜下也。於共住不可保信者，當無伴而往也。從無始而住者，數數相續受生，不見生死之邊際也。

如是數數當思惟之。復次，於貪增長，成現在多數之樂受者，是乃於苦稍抑而起之樂心也。蓋於除苦無有不對待之自性樂故。譬之過量行勞之苦，由坐而生起樂心，彼乃前行勞苦漸息，遂覺漸次起樂，非彼自性是樂也。苟坐復過久，仍如前生苦故。若以自性爲樂因者，如依苦因，任若干時唯苦增長，如是依於行住臥及飲食日陰等所生之樂，亦須在若干時漸成增長若干之樂，但若過久，實唯苦生可知矣。此《入胎經》及《四百論本釋》中說也。

癸二、思惟別苦。分四。子初、思惟三惡趣苦。子二、思惟人苦。子三、思惟修羅苦。子四、思惟諸天苦。

子初、思三惡趣苦，已如前說。

子二、思惟人之苦者，謂飢渴寒熱不悅意之觸，追求與疲勞之苦。復有如前所說之生老病死等七者應知。又《集法句》（即《資糧論》）云：「無餘惡趣苦，人中亦有之，苦逼同地獄，窮似鬼王界。此中畜生苦，以力強淩弱，壓迫而損害，是如水瀑流。」《四百頌》亦云：「優秀勞其心，庸流苦其身，二苦令此世，日日而摧壞。」

子三、思阿修羅苦者，彼以不忍於天人富饒之嫉妒，熱惱其心，依此爲緣，與天戰鬥，領受多種截身破裂等苦。彼等雖具智慧，以異熟障故，說彼身不能見諦也。

子四、思惟諸天苦。分二。丑初、欲天之苦。丑二、上界天之苦。

丑初、欲天之苦。分三。寅初、死墮苦。寅二、陵懱悚懼苦。寅三、砍截破裂殘害及驅擯苦。

寅初、死墮苦。

諸天若於死時，見五死相，從彼所生之苦，較先受用天欲所生之樂，尤爲重大。五死相者，身色不可愛樂，不樂本座，花鬘萎顏，衣著垢染及身出昔時所無之汗也。《親友書》云：「若從天處墮，衆善盡無餘，任落傍生鬼，泥犁隨一居。」

寅二、凌懱苦。

悚懼苦者，於具有廣大福聚諸天，及有最極勝妙欲樂生時，諸薄福天子見之，便生惶怖，由是而受廣大憂苦。

寅三、割截苦。

砍截等苦者，諸天與修羅戰時，受諸支節斷截，身體破裂，及殺害之苦。若斷頭者，則便殞沒。若傷身節餘處，續還如故。擯逐苦者，強力天子纔一發忿，諸劣天子，便被驅擯出其自宮。

丑二、上界天之苦。

上界天之苦者，上界二天，雖無苦苦，然具惑與障，於死及住不得自在，以其粗重即彼苦也。

復次，《集法句》云：「有色無色界，超越於苦苦，具有定樂性，經劫住不動。然彼非解脫，爾後仍復墮，從惡趣苦灘，暫似爲出越。雖勤無久居，猶如鳥飛空，如童力射箭，終有下墜時。似燈久然燒，刹那刹那壞，爲行及變壞，諸苦所損害。」

辛二、思惟集諦，趣入流轉之次第。分三。壬初、煩惱發生之相。壬二、此業積集增長之相。壬三、死及結生相續之相。

壬初、煩惱發生之相。

能成流轉之因，雖須業惑二者，然以煩惱爲主。若無煩惱，昔所集業縱越數量，如無水土等之種子，不能生芽。於業，若無俱有因，亦不生苦芽故。若有煩惱，雖無先業，亦可於彼無間從新積集而取後蘊故也。

《因明論》（《集量論》即《因明論》，法稱作。）云：「若已度有愛，餘業不能引，以俱生盡故。」又云：「若有愛者，更當生故。」是故依於煩惱對治，甚關重要。由知煩惱而得自在，故於諸煩惱當善巧也。

此科中分三。

癸初、正明煩惱。癸二、煩惱生起之次第。癸三、煩惱之過患。

癸初、正明煩惱。

煩惱之相，略說有十。

一、貪者，緣於或內或外悅意可愛之境，隨起貪著，如油沾布，難於滌除。此亦於自所緣，耽著增長，而於所緣難離也。

二、瞋者，緣於有情及兵器棘刺等諸苦所依處，起憤恚心，心漸粗猛，於彼等境，思作損害也。

三、慢者，依於薩迦耶見，緣於外內之高下好惡，心生高舉也。

四、無明者，於四諦、業果、三寶之自性，心不明了，具有無知染汙者也。

五、疑者，緣於諦等之三，念其爲有爲無，是耶非耶。

六、壞聚見者，緣於取蘊，謂我我所，具我我所見之染慧也。彼中壞者謂無常，聚者是衆多，以此任何所有之事，唯無常與衆多，而無有常一之補特伽羅也，爲顯此故，立壞聚名。

七、邊執見者，緣於壞見所執之我，或計恆常，或執此後無結生之斷見，以染汙慧爲性也。

八、見取者，緣於壞見邊見邪見等之三中，任隨一種，及依彼等所生見聚，執爲殊勝之染慧也。

九、戒禁取者，緣於應斷之戒，及器具、軌則、身語決定等禁，並依彼等而生之蘊，見爲淨罪脫惑出離世間之染汙慧也。十、邪見者，謂執無前後世，及業果等之損減，及執自在自性等爲衆生因之增益，具染汙慧也。此等乃就上下宗所共許之煩惱而言。《中論》佛護派者，於下當說。

癸二、煩惱生起之次第。

若許壞見與無明爲各別者，譬之稍暗之中有繩，以繩之本體不明，遂於彼起執蛇心。由於蘊之本體不明，而爲無明之暗所覆，於蘊誤執爲我。而其餘諸惑從彼生焉。

若許彼二爲一者，則壞見即煩惱之根本也。彼復由壞見執以爲我，遂判別自他。如是判已，於自則貪，對他起瞋，緣我則高舉亦生，於我執有常斷，而見有我等，并於後相續之惡行，起勝執也。如是於宣示無我之大師，及彼所說之業果、四諦、三寶等，謂無彼等之邪見，或復思量彼等爲有爲無，或是或非之疑惑亦生焉。《釋量（論）》云：「有我知有他，我他分愛憎，由此等和合，一切過當生。」

癸二、煩惱之過患。

《莊嚴經論》云：「煩惱壞自壞他亦壞戒，衰退失利護及大師呵，鬥諍惡名餘世生無暇，失得未得意獲大憂苦。」《入行（論）》亦云：「瞋愛等怨讎，非有手足等，亦非有勇智，以我作奴僕。住於我心中，愛樂猶損我，此非可忍處，忍受反成呵。設諸天非天，一切皆讎我，然彼等不能，投入無間火。具力煩惱讎，若雖遇須彌，摧毀亦無餘，刹那能擲我。如此煩惱讎，常時無始末，其餘諸怨讎，不如是長久。若隨順承事，皆爲作利樂，順諸煩惱者，後反作衰損。」如是所說過患，當思惟之。蘭若（噶當大德吉祥蘭若）者云：「欲斷煩惱，須知煩惱之過患、性相、對治及生起之因等。」知過患已，則認爲讎敵而執之。若不知其過患，則於讎敵不識也。當如《莊嚴經論》及《入行》所說而思焉。又若欲知煩惱之相，須聽《對法》，下至亦須聽聞《五蘊論》。知根本及隨煩惱已，隨貪瞋等生時，則認識此是彼耶，彼已生耶。如是念之，與煩惱而鬥也。如其所說，須當了知。

壬二、業積集增長之相。分二。癸初、所作業積集增長之認識。癸二、此積集增長法如何。

癸初、所作業積集增長之認識。

業分二類：一、思業。謂自相應思（心所），於心造作，意業爲體，於諸境中（於五遍境），役心爲業。

二、思已業。由心等起身語之業。毗婆沙師，許爲表無表二惟有色。世親菩薩破之，由許爲身身語有表俱轉之思，釋二業爲思也。

此中不善業者，非福業是。福業者，欲界所攝之善業是。不動業者，色無色界所攝之有漏善業是。

癸二、此積集增長法如何。

增長法如何者，若已現證無我者，雖猶有以惑業增上於世間生，然不新集能引之業。故積集世間之引業者，謂住大乘加行道，世第一法以下之一切異生也。又以彼身之三門，作殺生等不善者，是集非福業。若行欲界善，布施、持戒等者，是福業。若修靜慮及無色界所攝之止等者，即集不動業也。

共中士道

戊二、與中士道所共修心之道次第。分四。己初、正修此心。己二、發心之量。己三、除邪分別。己四、抉擇能趣解脫道之自性。

己初、正修此心。分二。庚初、認定求解脫之心。庚二、生此心之方便。

庚二、生此心之方便。分二。辛初、思惟苦諦流轉之過患。辛二、思惟集諦趣入流轉之次第。

辛二、思惟集諦趣入流轉之次第。分三。壬初、煩惱發生之相。壬二、此業積集增長之相。壬三、死及結生相續之相。

壬三、死與結生相續之相。分五。癸初、死緣。癸二、死心。癸三、煖從何收。癸四、死已成中有之理。癸五、次於生有受生之相。

癸初、死緣。

壽盡死者，以先業所引之壽，一切皆盡，時至而死也。福盡死者，如無資具而死也。不平等死者，有九種因緣，謂食無度量等，如經所說。

癸二、死心。

死心者，信等善心及貪等不善心。此二心者，或依自力，或依他使念，於想粗轉之中間令心發起。

具無記心死者，於善不善二心不自憶念，亦無他使念。此中作善者，如由暗入明，死時如夢種種悅意色生，安樂而死，解支節苦亦甚微細。作不善者，如明趣暗，死時如夢顯現種種不可愛色，生起猛利之苦，受支解之痛亦極劇烈。支解者，除天及地獄外，餘趣皆有。具無記心者，如上所言之樂苦俱不生也。

死時善不善二心者，何多修習，彼即現起，餘心則不轉也。若於善惡二種平等者，何者先念，彼先現起，餘不隨轉。心微細行時，善與不善二種皆止，而成無記之心。一切死時，當其想心未至不明之間，以長時所習，我愛現行，由彼最後我愛增上，念我當無，便愛自身。此即受中有之因也。預流及一來，雖亦起我愛，繼以慧觀察而不忍受，如具力人打力弱者。若不來果者，則我愛不生矣。

癸三、煖從何收。

煖從何收者，作不善者，先從上身收煖，至心而捨。作善者，先從下身收煖，於心而捨。皆從心而出識也。於最初精血之中，識於何住，即成心藏，後從何出，即是最初之所入也。

癸四、死後成中有之理。

死後成中有之理者，如上所言，識從何出之時，由彼無間，如秤低昂，而成死與中有也。彼中有者，眼等根全，當生何趣，即具彼趣之身相。在未受生之間，眼如天眼，身如具通，俱無障礙。同類中有，及修得離過之天眼能見之。

《俱舍》雖言，若成何趣之中有，次無遮止令於餘生，而《集論》則說有遮也。

作不善之中有者，如黑糯光，或陰暗夜。作善中有者，如白衣光，或月明夜。中有同類能互相見，并能自見生處。地獄中有如焦株杌，傍生中有如煙，餓鬼中有如水，欲天與人之中有如金，色界中有鮮白。此《入胎經》所說。若由無色生下二界，則有中有。若從彼二生無色者，隨於何死，即於彼處成無色之蘊，無有中有也。又天之中有向上，人之中有平行，諸作惡業者，眼目視下，倒擲而行。三惡趣之中有皆同也。壽量者，若未得生緣，極七日住，得緣則無決定，不得亦須換身，於七七日住，在此期內，定得生緣，無過此限。如天中有，七日死後，或復爲天，或變人等之中有。以有餘業，能變中有種子故也，餘亦如是。

癸五、次於生有結生之相。

次於生有結生之相者，《瑜伽論》云：若胎生者，於父母精血起顛倒見，爾時如父母未眠，而如幻見眠，於彼愛著。《俱舍》說爲見父母眠也。彼復若生女身之中有，於母思離，貪與父交。若生男者，於男思離，貪與女交。是欲起已，從而趣向。如是男女支體，餘漸不現，唯見男女根相。對彼起瞋，中有遂滅，而成生有。復以父母貪愛俱極，最後有濃厚之精血各出一滴，相與和合，住母胎處，狀如凝乳。與彼俱時則中有滅。與滅同時，以結生相續之識力，有微細餘根大種，和合攝彼同分之精血，而餘根以生。爾時入胎之識，諸許阿賴耶者，爲阿賴耶。諸不許阿賴耶者，則爲意識結生也。

若於生處不欲去者，則不赴，不赴則不生，故已作增長生地獄之業，如宰羊殺雞販豬等非律儀之中有，於其生處，如於夢中而見有羊等，以昔串習之愛樂，即往赴彼，次於生處之色起瞋，遂致中有滅而生有生焉。如是於地獄及大癭餓鬼中亦同。凡當生於畜生、餓鬼、人及欲界色界天者，於其生處，見自同類喜樂之有情，於彼歡喜，思欲奔赴，由於生處起瞋，中有隨滅，而生有生焉。此《本地分》中所說也。其非律儀販雞豬等之生地獄，與此相同。

《俱舍》云：「濕化染香處。」謂濕生貪染香氣，化生貪染住處而生也。又若生熱地獄者思煖，若生寒地獄者思涼，中有趨之乃生，此註中釋也。卵生如胎生，亦出《俱舍論註》。

己二、發心之量。

發心之量者，如是從苦集二門，審知世間之相，若僅生起希求捨離及於寂滅希求證得，雖是出離之心，然猶嫌不足也。蓋必如居火宅，及繫牢獄，於彼宅獄生若何不樂，則欲求逃脫之心，亦當生起若何之量。然後仍須漸為增廣此種意樂。

如夏惹瓦說：若置酒上之粉末，僅口面而浮者，則其厭捨世間之集因，不過如是，而求滅苦集之解脫，亦與相同。是故須雖欲修解脫之道，但唯空言，其不忍於他有情流轉世間苦之大悲，亦無從生起。故能勸勉不假造作之無上菩提心力，亦必不生。其日大乘者，亦僅隨語而轉。此當數數修習之。

己三、除邪分別。

除邪分別者，或曰：若修厭患，令想出離，如同聲聞不樂世間，則墮寂靜之邊，故修厭患，於小乘爲妙，菩薩修此，則不應理。以《秘密不可思議經》中說也。答曰：經謂菩薩於世間不應怖畏之義者，非謂於業惑所制，而流轉三有之生老病死等苦，不應出離。蓋謂菩薩悲願自在，爲益有情，而於三有受生，不應怖畏也。夫以惑業所制，流轉世間，爲衆苦所逼者，自利猶且未能，況云利他者哉。此乃一切衰損之門，菩薩較諸小乘尤應厭離而滅除之。而於悲願自在，受生世間，則應歡喜焉。又彼經亦云：「諸菩薩者，爲令有情悉皆成熟，易攝受故，於此世間，見有勝利，不住廣大涅槃。」如是未能簡別，若如前而說。於彼說者，設有菩薩戒，則生一染污之惡作罪，此《菩薩地》中所言也。若於生死，意求出離已，見諸有情是自親眷，爲利彼等而發菩提心者，是《四百頌》之意，月稱大阿闍黎於彼釋中說也。

己四、抉擇能趣解脫道之自性。

如上所言，以修三有之過患，於生死中，生起猛利欲求出離。

此科分二。庚初、依何等身滅除生死。庚二、依何種道滅除生死。

庚初、依何等身滅除生死。

以彼生死，當須滅除。如《親友書》云：「除八無暇過，閒暇既已得，爾可務當生。」謂須於此暇滿時而滅除之。若居無暇，則無滅除之時，已如前說。大瑜伽者云：「現在是從畜生中分出之時也。」博朵瓦亦云：「昔經爾許之流轉（自昔漂流，如許之久），未能自返，今亦不能自返，故急須還滅之。得還滅之良機，亦正在此得暇滿之時也。」

又若在家者，不但修法之障難甚多，且易生過咎。出家者則與彼相反，故滅除生死之身，以出家最為殊勝。若善巧者，當於出家而欽慕焉。

《具力所問經》（《勇猛長者請問經》）云：「居家菩薩，當願出家。（我於何時能得出家）」此中要意（義），謂願近圓也。《莊嚴經論》亦云：「應知出家分（身）無量功德具，勝比勤持戒在家之菩薩。」如是非但爲修解脫生死，讚歎出家，即由顯密門中修一切種智，亦說出家身爲殊勝也。出家戒者，是三種戒中之別解脫律儀，於教法根本之別解脫戒，當敬重之。

庚二、修何等道而為滅除。

修何等道而爲滅除者。《親友書》云：「縱使烈火然頭上，遍身衣服焰皆通（透），此苦雖急猶可置，求證無生較此要。爾求尸羅及定慧，寂靜調柔離垢殃，涅槃無盡無老死，四大日月悉皆亡。」謂於三學當修學也。《妙臂經》亦云：「如諸禾稼依於地，無有過患而發生（無諸災患而生長），如是依戒勝白法，以悲水潤（悲水灌溉）而生長。」當如說而思焉。

於此，若僅於中士道而爲引導者，亦須廣說以三學引導之方便。然此不爾（然此處非僅爲中士說）。以慧觀及心學生止法者，於上士時當說，今此略言戒學耳！

先須於戒之勝利數數思惟。心既決定，則勇猛增長。《親友書》云：「衆德依戒住（戒是一切德所依），如地長一切。（如動－指有情界，不動－指器世界，依於地。）」

於戒受已而守持者，勝利甚大。若不守護，過患亦甚。經云：「或以戒得樂，或以戒感苦，具戒則安樂，毀戒則苦惱。」

《文殊根本大教王經》亦云：「持咒若壞戒，不得上悉地，中品亦不成，亦不成下品。佛於毀戒人，不說咒成就，亦非趣涅槃，境處之方際（所）。於此惡異生，何有咒成就，此毀戒衆生，如何有樂趣。既不成現上，亦不成勝樂，況佛說諸咒，而能成就耶。」

如是所示不守護之過患，當數數思之。如《三昧王經》云：「於居家白衣，我所說學處，爾時諸比丘，彼戒亦不具。」於此所說，謂苾芻不能守護五戒之時，（有居士能）精進持戒者，感果甚大，故當努力。即彼（前）經（又）云：「盡於恆沙俱胝劫，而以信心備飲食，并以傘幡燈燭鬘，承事俱胝由他佛。若於妙法極欲壞，善逝正教將滅（隱微）時，於日夜中行一戒，此福比前最殊勝。」

如何修學之法者，謂於四種生罪因中，無知之對治者，應聽聞諸學處而了知也。放逸之對治者，於取捨之所緣行相，不忘憶念。及數數觀察三門，了知於善惡何轉之正知，以自或法爲增上，於罪生羞恥之慚，及念爲他所呵而起羞恥之愧，怖畏惡行之異熟，而生防護之心。不敬重之對治者，於大師及彼所制，并諸同梵行者，皆當敬重也。煩惱熾盛之對治者，觀察身心，何種煩惱增上，當努力從而對治之。若不如是勵力，意謂違越少許，其過輕微，於所制而放縱者，最後結局唯得苦惱。

《戒經》（《分別笈摩》）中云：「若於大師悲愍教（大悲教），以爲輕微（起輕微心）少違越（稍違越），由彼彼苦得自在，如折籬壞菴摩羅。世間有違王重勒，或者猶獲不治罰，非理若違能仁教，如墮傍生醫波龍。」以是故應努力，勿令罪染。設有染犯，亦莫不念而棄置之，於墮罪還出之儀軌，應如說勵力而作。如是守護之法，雖是具別解脫律儀者，然於修密咒者，亦同之。《妙臂經》云：「以我所說別解脫，淨戒調伏而無餘，居家持咒唯除相，及軌則外餘應行。」謂居家持咒者，唯除少數出家衣相之類，及羯摩軌則并單制之軌則外，其餘從調伏中所出之戒條，猶須行也。則出家持咒者，更何待言哉。

康隆巴云：「若饑饉時，則一切事皆注向於青稞上去，如是一切亦皆輾轉於戒上去，（顯密諸乘，一切精神集中於戒。）是故於此當勤修學。」

「然欲戒清淨，不思業果必無成就，故思惟業果是（守戒之）秘妙教授也。」

夏惹瓦亦云：「總之生何善惡，皆依於法，於佛法中，若依戒律所說而依止行之，則無須猶豫。內心既淨，則常喜樂，後亦善妙也。」

善知識敦巴亦云：「一類依律而捨咒，或則依咒而棄律，而不知咒爲律助，律爲咒伴也。若非我師所傳之語，則無如是教授。」（劉衡如所記筆記謂此數語宗喀大師作有頌文云：「一類執咒而謗律，一類執律而謗咒，隨偏廢一不成佛，應具二者方圓滿。」）

又阿底峽尊者亦云：「我印度或有大事，或有非常事時，則集諸受持三藏者，問三藏中無遮耶，不與三藏相違耶。抉擇已，即如彼而作。於蓮花戒寺，更加問，菩薩行中未遮耶，不與彼相違耶。凡有一事，皆以律師（文）爲依據而處理焉。」

已釋共中士道修心之次第竟。

略論卷三竟

菩提道次第略論卷第四

宗喀巴大師造
大勇法師講譯　智湛居士筆錄
法尊法師補譯　校塵空治潤
昂旺朗吉堪布口授校對

戊三、上士修心之道次第。分三。己初、明發心為入大乘之門。己二、此心如何發起。己三、發心已學行之法。

己初、明發心為入大乘之門。

如是流轉之過患，從種種門中長時修習，則見於此三有如陷火坑，爲欲解脫惑苦，證得涅槃，意懷熱惱，由是修學三學，從生死中而得解脫焉。然此雖非同善趣，不復退墮，而於斷過證德，尚屬少分，既於自利未圓，則利他亦不過零碎而已。終須佛爲勸請而入大乘也。

故諸具慧者，從最初時便入大乘，甚爲應理。《攝度論》云：「於利世間無能力，二乘心量必斷之，能仁所示大悲乘，一味利他為自性。」若此，則諸士夫應以愛樂威德，及士夫之功力，擔負利他，方為合理。倘僅緣於自利，與傍生何殊。是故諸上士之本性，於利他樂專一而住。

《弟子書》云：「畜類得草唯自食，渴時得水歡喜飲，士夫精進利他事，以樂威德功力勝。如日照世駕威光，大地載物不揀擇，上士本性不自利，一味專作利世間。」如是見諸眾生被苦所逼，為利他而忙者，名曰士夫，彼亦名為善巧。

前書（《弟子書》）又云：「無明覆世亂眾生，無力墮在苦火中，見此如己頭燃火，彼是士夫亦善巧。」是故能生自他一切利樂之本源，滅除一切衰損之妙藥，為諸善巧士夫所行之大道，雖見聞念觸，亦能長養一切眾生，住利於他而兼能成就自利，無所不全。有於此具大善巧之大乘而趣入者，當念此甚為希有，我幸得之，應盡所有士夫之功力，於此勝乘而趣入之。

如是若念須入大乘，何為入大乘之門耶。此中佛說有波羅密多乘及密乘二種，除彼更無餘大乘矣。然此二由何門而入耶。唯菩提心是。

此於身心何時生起，雖其他之任何功德未生，是亦住入大乘。若何時與菩提心捨離，則縱有通達空性等功德，亦是墮入聲聞等地，退失大乘。此衆多大乘教之所說，理亦成也。是故大乘者，以菩提心之有無而作進退。

如《入行論》中說：此心生起，無間即成佛子也。

慈氏《解脫經》亦云：「善男子，所謂金剛寶者，雖已破碎，勝出金等莊嚴，映蔽一切，亦不失金剛寶之名，一切貧乏亦能遮止。善男子，如是若發一切種智心之金剛寶，縱離修行，亦映蔽一切聲聞獨覺功德之金莊嚴，亦不失菩薩之名，一切世間貧乏，亦能遮止也。」謂於菩薩行雖未學習，但有菩提心便可稱爲菩薩也。

以是若僅以法是大乘，則猶不足，必彼補特伽羅住入大乘爲重要。故成大乘以菩提心而作自在。若於此心僅彼知解而已，則其大乘亦爲唯是虛名耳。倘彼有一性相完全之菩提心，則亦成一清淨之大乘。當於此而勵力焉。《莊嚴經》云：「善男子，菩提心者，如一切佛法之種子。」於此須得定解。

此應喻釋，如以水糞、煖及地等，若與穀種合者，則爲穀苗之因，若與麥豆等種合者，則亦爲彼苗之因。故水糞煖地等是共同之因。青稞種者，隨與何種緣合，亦不能爲穀等苗之因。是青稞苗之不共因，以彼所攝持之水等，亦當爲青稞苗之因也。如是無上菩提心者，是佛苗因中如種子之不共因，通達空性之慧者，如水糞等，是三種菩提之共因也。

故《寶性論》亦云：「勝解勝乘爲種子，慧者爲生佛法母。」此言於大乘起勝解者，如父之種子，通達無我慧者，則如母。譬之父爲藏人，則不生漢胡等子，父爲子姓，此因決定。於藏母身，則能生種種子，是乃共同因也。

龍猛《讚慧度》亦云：「佛陀諸獨覺，並諸聲聞人，解脫唯依慧，決定無有餘。」諸獨覺聲聞亦依於慧，以是亦說般若波羅密多爲母，是大小二乘子之母。故不以通達空性而分大小乘，是以菩提心及諸廣大行而判也。《寶鬘論》云：「彼聲聞乘中，不說菩薩願，及行悉回向，菩薩如何成。」謂不以見別，而以行分，如是若通達空性之慧，猶不成大乘不共之道，而況除彼勝慧之諸餘道品，則何待言哉。是故須將菩提心之教授，執爲中心而修焉。

己二、此心如何發起。分四。庚初、依何因始能生起。庚二、修菩提心之次第。庚三、此心發起之量。庚四、以軌則受法。

庚二、修菩提心之次第。分二。辛初、依阿底峽尊者所傳七因果言教修。辛二、依寂天菩薩自他換教授修。

辛初、依阿底峽尊者所傳七因果言教修。分二。壬初、生起之次第決定。壬二、正修之次第。

壬初、生起之次第決定。

七因果者，謂圓滿佛果從菩提心生，彼心從增上意樂生，意樂從大悲生，大悲從慈生，慈從報恩心生，報恩從念恩生，念恩從知母生。如斯次第，說爲七也。

此中分二。癸初、明大悲為大乘道之根本。癸二、諸餘因果為彼之因果法。

癸初、明大悲為大乘道之根本。分三。子初、明初之重要。子二、明中之重要。子三、明後之重要。

子初、明初之重要。

若爲大悲撓動其意者。爲令一切有情出生死故，而起決定誓願。若悲心弱，則不如是。要能荷負無餘衆生之解脫重任而得自在故。若不荷負此擔，則不能入大乘。故大悲者，於初即爲重要也。《無盡慧經》云：「大德舍利弗，復次諸菩薩之大悲無盡也。何以故，爲前導故。大德舍利弗，所謂譬諸氣息內外動者，是人命根之前導也。如是菩薩之大悲者，是正修大乘之前導也。」又《象頭山經》亦云：「文殊師利，云何爲諸菩薩進趣行，云何爲處。文殊師利答曰：天子，諸菩薩進趣行者，大悲也。處者，有情也。」

子二、明中之重要。

中重要者，如是雖曾一次發心而住者，若見有情數多，所作惡劣，菩薩學處極爲難行，無有邊際，歷時長遠，遂生怯弱，則墮於小乘。故大悲心者，非僅發一次，宜加修習，漸令增長。不顧自之苦樂，不厭利他，則速能圓滿一切資糧。

子三、明後之重要。

後重要者，諸佛得果，非如小乘住於寂滅，能盡虛空界利益有情，亦乃大悲之力。此若無者，則當同於聲聞故也。譬如稼穡，初種中水，後能成熟而爲重要，故於佛果亦初中後三，大悲爲要。此具德月稱論師之言也。漾邪穹敦巴於阿底峽尊者請求教授，尊者誨曰：「捨世間心，修菩提心，此外無餘。」格西敦巴笑曰：「此乃尊者出教授之心要。」當知是法之命脈。能得決定，唯此最難，須數數集懺，及閱《華嚴》等經論，以求堅固決定。如馬鳴菩薩云：「佛之心寶貴，能圓菩提種，唯佛知斯要，餘人莫能及。」

癸二、諸餘因果為彼之因果法。分二。子初、從知母至慈心以成其因。子二、從增上意樂及發心以成其果。

子初、從知母至慈心以成其因。

總之唯欲令離苦者，若數數思惟彼有情苦雖亦能生，然令彼心易起及猛利堅固者，則先須於彼有情有悅意珍愛之相。如親有苦，則不堪忍，仇人有苦，則生歡喜，於中庸有苦，多生棄捨。此中初者，是於意中有愛樂故，於彼有幾許之珍愛，則對彼苦便生起幾許之不忍。中下珍愛，起小不忍，倘係極珍愛者，則雖有微苦，亦起大不忍矣。若見仇人有苦，非但不欲令離，且念其苦願後較彼尤甚，及莫脫離也。蓋爲不悅意之所致。彼復以不悅意之大小，於其感苦亦生爾許之歡喜。於中庸之苦，既無不忍，亦無歡喜者，以意悅不悅皆無之所致也。

如是修有情爲親，乃爲發起悅意。而親之究竟，厥爲母親，故修知母、念恩、報恩三者，則能成就悅意愛惜之心。又於有情愛如一子之慈者，是前三之果，由此而生大悲焉。

若與樂之慈與悲，則不顯現因果之決定。

修此一切有情爲親屬，是發心生起之因。乃月稱阿闍黎、大德月、蓮花戒阿闍黎所說也。

子二、從增上意樂及發心以成其果。

增上意樂及發心成其果者，依前次第修習，生起悲心，則於為利有情欲得成佛，亦能生起，便已足矣。何故於彼中間更加增上意樂耶。

故須生起心力強勝之增上意樂，此從《海慧問經》中而知也。如是若欲生起度脫有情之心，當念我今如此，即一有情之義利，亦不能圓滿作到。非但此也，縱得二種阿羅漢位，亦僅能利少數有情，亦唯能成解脫而已，於一切種智，則不能安立。念此無邊有情，滿足彼等一切現前究竟之義利，有誰能耶。如是思惟，則知唯佛有彼堪能，而發為利有情欲得佛位之心。

壬二、正修之次第。分三。癸初、修希求利他之心。癸二、修希求菩提之心。癸三、明所修果即為發心。（認定修果發心）

癸初、修希求利他之心。分二。子初、修習此心發生之根本。子二、正發此心。

子初、修習此心發生之根本。分二。丑初、於有情修平等心。丑二、修一切

悅意之相。

丑初、於有情修平等心。

如前下中士時所說前導等次第，於此亦當取而修之。其中若不先斷除對於一類有情起貪，及對一類有情起瞋之分類，而修平等心者，則任隨生起慈悲，仍有類別。若緣於無類，則不能生起。故當先修平等捨心也。

此中復有願諸有情，修無貪瞋等煩惱之想，及自於有情遠離愛憎心平等之二種，此取後者。

修此捨心之次第，爲易生故，先須於一未作利損之中庸者，而爲所緣，以除貪瞋而修捨心。

若於中庸修捨心已，次於親友修平等捨心。於親友心若不平等，則或以貪瞋分類，或以貪有大小，而不能平等。於親友若平等，當於仇怨修平等心，於伊若不平等，則視不順之一邊而起瞋焉。

於仇怨平等已，則於一切有情而修平等心。此復有二：就有情方面想，一切衆生同是欣樂而不欲苦，若於一類認爲親友而作饒益，於一類認爲疏遠而爲損惱，或不饒益，不應理也。就自己方面想，從無始來於生死中，任何有情，不曾百次作我親眷者不可得，如此應於誰生愛，而於誰起憎耶。此《修次第中篇》所說也。

又若於親生愛者，如《勝月女問經》云：「我昔曾經殺汝等，我亦曾被汝等截，彼此一切是仇殺，汝等何爲起貪心。」如前所說無定之過，思一切親怨速疾轉變之理，即以此而遮止憎愛。然此須執爲親怨之差別所依，不須遮怨親之心，以作怨親之因相，而滅貪瞋分類也。

丑二、修一切悅意之相。分三。寅初、知母。寅二、念恩。寅三、報恩。

寅初、知母。

以輪迴無始故，我之生亦無始。生死相續，於輪迴中當無不受之身，及未生之地。而未成母等之親者，亦所必無。此經中言也。

此復非但昔曾作母，即於未來亦當爲母。如是思已，則於爲我之母一事，當求堅固決定。此心若生，則念恩等亦易引發，此若不生，則念恩等心無由生起矣。

寅二、念恩。

念恩者，修一切有情爲母之後，倘先依於此世之母而修，較易生起。當如博多瓦所說而修之，於己前想一明顯之母親相，作是思惟，不但今時，即無始時來，彼亦爲我作過母親已超數量。應多次思之。如是作母時，爲我救護一切損害，成辦一切利樂。別想於今世，初於胎中時常攝持，及產生後，胎毛未乾，即抱依於煖肉。以十指玩弄，以乳酪喂哺，以口飼食而拭涕，以手指擦其不淨，種種方便畜養而無厭倦，復於飢時與食，渴時與飲，寒時與以衣服，貧時給諸自不忍用之財。然此資具，亦非易得，乃合諸罪苦惡名艱辛求獲者以與也。若子有病苦時，思惟子死寧己死，子病寧己病等，出自眞誠願以身代。並以加行而爲除滅苦厄之方便。總之，隨自智能爲作利樂，遣除苦惱等之事實，專一修之。

以如是修習，則非僅空言，當得生起念恩之心。次於父等諸餘親識，及諸中庸，乃至仇怨，如其次第，皆修知母。既於親眷、中庸、怨家，皆想爲母。於一切衆生亦修知母以爲前導，次第漸廣而修習焉。

寅三、報恩。

報恩者，如是唯以生死流轉而不相識耳，倘將彼受苦而無救護之諸母，棄捨不顧，僅謀自己之解脫者，忍心無愧，豈有更甚於此者哉。《弟子書》云：「親人生死大海中，分明如墮深流內，生死不識而棄彼，但自解脫無此恥。」如是捨有恩者，在下等人猶不應爲，與我之理如何相順，如是思已，當負報恩之擔也。若爾，當以如何報恩耶。諸母亦能自得世間富樂，然彼一切無不欺誑，如我先爲煩惱魔所傷損，於彼猛利傷痕，擦以鹽硝，以其自性是苦，仍復加生種種之苦。若以慈報恩，當將彼等安立於解脫、涅槃之樂，須如此而報恩也。

總之，如自母親，不住正念，瘋狂目盲而無引導，步步顛蹶，趨赴於可怖之嶮巇而行。諸母若不望其子救而望誰耶。若彼子亦不求將母脫怖，而須誰來度脫耶。

於彼如是已作母親之諸有情，爲煩惱魔撓，心不正住，於其自心不得自在，有若瘋顛，又無能見現上，決定善道之眼，亦無引導之師，剎那剎那皆爲惡行之所損壞，胡亂奔馳。見其於總之生死別爲惡趣之險處而行。彼母亦希其子，其子亦應來出其母。如是思已，當以決定拔出生死爲報其恩。

《集學論》云：「煩惱瘋癡盲，於多嶮巇中，步步顛蹶走，自他常憂事，諸衆生苦同。」由是觀已，雖是說爲尋覓他過爲不應理，見一切功德執爲希有。然於此亦可合於苦惱之理也。

子二、正修此心。分三。丑初、修慈。丑二、修悲。丑三、修增上意樂。

丑初、修慈。

慈之所緣，爲未具樂之有情。行相者，謂念彼云何當得樂，且願彼得樂，又當爲作得樂因也。《勝利者三昧王經》云：「俱胝由他頻婆羅佛剎，盡其供養衆多無數量，於諸勝生以彼常供養，猶其不及慈心數與分。」謂較彼之供物極其廣大，而於究竟之田，常時行供養，其福尤大。

《文殊莊嚴剎土經》云：「於東北隅有大自在王佛，世界名曰千莊嚴。如苾芻入滅盡定之樂，諸有情亦具是樂，於彼世界經百千俱胝歲修行梵行者，若於此上下至於彈指頃，緣一切有情發起慈心，較前之福猶爲甚多，況晝夜而住。」《寶鬘論》亦云：「每日三時中，施食三百罐，不及須臾頃，慈獲福一分。天人當起慈，彼等亦守護，意樂及多樂，毒械不能損。無力獲大利，當生梵世間，設未成解脫，亦得慈八德。」

若有慈者，人天起慈，任運歸仰佛亦以慈力敗彼魔軍，故成最勝守護等也。

修慈之次第者，先親，次中，後於仇怨而爲修習。次於一切有情，如次而修之。修習方便者，若數數思惟有情苦苦之理，其悲便起。

念諸有情缺乏有漏無漏之樂，如是數數思惟。若修此者，欲與樂心任運而起。此復以種種樂而為作意，於諸有情而施與之。

丑二、修悲。

悲所緣者，謂以三苦隨其何類具苦之有情也。行相者，想其離苦，及願其離，我當作離苦也。修之次第者，初親，次中，後怨。次於十方一切有情而修習也。

如是等捨慈悲各各差別之境，如次而修者，是蓮花戒阿闍黎隨順《對法經》而作也。最為扼要。

若不各各分別，初即總緣而修，雖能相似生起。然一一而思，則現起任何亦未生起。若於一一由意變之領納，如前所說而出生已，漸為增多，後緣總而修習，則隨緣總別，皆清淨而生故耳。

修習法者，思惟是母所成之諸有情，墮於有海，如何領受總別之苦等而思之。苦已釋竟。

悲生起之量者，《修次第首編》云：「隨於何時，猶如最悅意之兒，身不安樂。於一切有情亦決定欲令離苦之悲心，成任運隨轉，如本性而轉。爾時是彼圓滿，得大悲名。」謂於最極心愛幼兒之痛苦，其母生幾許之悲愍。以彼幾許為心量，於一切有情任運起悲者，說為具足之大悲相也。慈生之量，例此當知。

丑三、修增上意樂。

修增上意樂者，如是修慈悲之後，思念慨嘆，我最愛樂悅意之諸有情，如是樂乏苦逼，當如何而令其得樂離苦耶。負荷度脫彼等之擔，下至言談，亦當修心也。此於報恩時，雖亦稍起，然於此所說者，謂有欲令得樂離苦之慈悲，尚嫌不足。於有情念以我為作利樂之意樂，須生慈悲為能引起故也。彼等亦非僅於正座時修，即座後等之一切威儀中，皆為憶念相續而修。此《修次中編》所說也。

癸二、修求菩提之心。

修求菩提之心者，依如前所說之次第修已，若見利他，須得菩提，雖亦是生起欲得之心，然爾許不足。如前於皈依時所說，從思身語意業諸功德門中，先當增長信心，次以信心爲欲所依，於彼等功德，起誠心欲得。於自義利，亦非得種智而不可，以引生決定也。

癸三、認定修果發心。

認定修果發心者，其總相如《現觀莊嚴論》云：「發心爲利他，希正等菩提。」差別者，隨順《華嚴經》義，《入行論》云：「如何知差別，如欲行及行，善巧於此二，如次知差別。」謂願行二種也。於此雖顯現多種不同，然念爲利有情願成佛之心者，是謂願心。彼已受戒後，心依戒住而猶發心，是謂行心。如《修次第初編》所說也。

辛二、依寂天菩薩教授而修。分三。壬初、思惟自他換否之功過。壬二、若能修習則彼心發生。壬三、修習自他換法之次第。

壬初、思惟自他換否之功過。

《入行論》云：「誰有於自他，欲速為救護，於自他當換，是即密妙行。」又云：「盡世間安樂，從願他樂生，盡世間苦惱，由欲我樂生。愚人作自利，能仁為利他，依此二差別，何須復多說。我樂與他苦，若不正相換，即不能成佛，亦無世間樂。」謂我愛執者，是一切衰損之門，愛執他者，為一切圓滿之處，當思惟之。

壬二、若能修習，則彼心即能發生。

若能修習，則彼心發生者，如昔為我之仇，若聞其名，便生憎畏。後和為友，倘復無彼，反生大不悅豫。故修心之後，則將自作他，視他如自之心，亦能生起也。《入行論》云：「難中不應退，以此修習力，聞名生怖者，無彼反不悅。」又云：「置我身為他，如是無所難。」設作是念，他身實非我身，將他作自之心，如何可生起耶。謂如此身，亦是父母精血所成，是亦他之身分。以往昔串習增上，生起我執。若於他身如己之愛執，亦能生起。彼論云：「以是乃他人，精血滴所成，由汝執爲我，如是於他修。」如是於勝利過患善思惟者，由至誠修習，生起勇悍，若能修習，則能生起。如是見已，當修習之。

壬三、修習自他換之次第。分二。癸初、除其障礙。癸二、正明修法。

癸初、除其障礙。

言自他換，或說將自作他、將他作自者，非謂於他想是我，於彼眼等想是我所，謂換愛執自及棄捨他之位置也。生起於他如自而愛執，於自如他而棄捨之心也。是故說我樂與他苦換者，亦謂於自愛執，見如怨仇，滅殷殷而作之自樂。於他愛執，見爲功德，滅棄捨他之苦已，爲除彼苦殷殷而作。總之，即不顧自樂，於除他苦之事而行也。於修彼心，有其二障，自他苦樂之依自他二身，猶如青黃各各類別而執之，由是於彼所依之苦樂，亦念此是我者，或行或除，此是他者，念已而棄。彼之對治，謂自他體性無可分別，彼此相待，於我亦生他心，於他亦起我心，如彼山此山也。

譬之彼山，於此處雖起彼山之心，若到彼山，則生此山之心也。故不同青色，任觀待於誰，亦唯生青色之心，不起餘色之心也。《集學論》云：「修自他平等，菩提心堅固，唯自他觀待，虛妄如彼此。居中自非彼，觀誰而成此，本性自不成，觀誰而成他。」謂唯是觀待其所待而建立，無以自性而成也。又除念他之苦無損於我，不爲除彼而勵力之礙者，謂若如是者，則不應恐老時苦，於壯時集財，以老之苦於壯無損故。如是則手亦不應除足之苦，是他故也。此說是略爲舉例，如上午下午等，亦如是加之。設想老壯是一相續，手足是一集聚，不同自他之二也。相續與集聚者，唯是於多刹那，及多集聚而施設，無自己單獨之本體，自我他我亦須於彼相續集聚而施設，以唯自他相待之建立，無有本體也。雖然，是以無始串習愛執之增上，自苦生時不能堪忍。故於他若修愛執，則於他之苦，亦生不忍焉。

癸二、正明修法。

正明修法者，由我貪增上，以我愛執持，從無始生死直至於今，生起種種不可欲樂。雖欲作一自利圓滿，執自利爲主，以行非方便故，雖經無數劫，自他義利皆悉無成。非但不成而已，且純爲苦所逼迫。若將自利之心換而爲他，則早已成佛，自他義利，一切圓滿無疑矣。以不如是故，勞而無益，空過時也。今乃了知，第一怨仇，即此我愛執持，依念正知，多爲勵力，未生勿生，生莫相續而住，是念決定堅固，多次修之。如是數數思惟愛他之勝利，生起勇決，棄捨他心，未生不生，生莫久續。於他珍惜愛樂悅意，從如何能生之門，如昔於自愛執，應當生起於他愛執之心也。

阿底峽尊者云：「不知修習慈悲之菩薩，唯藏人知之。」若然如何作耶，謂須從初次第而學也。朗日湯巴云：「霞婆巴與我二人，有人方便十八，與馬方便一，共十九。人方便者，謂於最勝菩提發心已，任何所作，悉於有情義利而學者是。馬方便者，菩提心未生不生，已生不住，不容增長，是我愛執背棄於此，何能損害而淨修，朝向有情，何能饒益而修習者是。」康隆巴云：「以我等捨棄有情，所以有情亦於我等如是作也。」大乘根本立與未立，大乘之數入與未入，一切歸於此。於一切時中，觀察此心如何生起。若生者善，若其未生莫如是住，依止示彼之善知識，與如是修心之伴，常爲共住。閱如是開示之經論，於彼之因集積資糧，淨除業障。自若亦如是修心，決定投播如是完全種子，事業非小，理應歡喜。如阿底峽尊者云：「大乘法門欲趣入，能除黑暗滅熱惱，猶如日月菩提心，經劫勵力生亦可。」

庚三、此心發生之量。

此心發生之量者，前已釋竟，應當了知。

庚四、依軌則受法。

分三。辛初、未得令得。辛二、得已守護不失。辛三、犯已還淨法。

辛初、未得令得。

分三。壬初、從何處受。壬二、以何身受。壬三、受之軌則。

壬初、從何處受。

諸先哲所許，謂具足願心，住彼學處，猶爲不足，須具行戒。此與勝怨論師所說相順也。

壬二、以何身受。

以何身受者，以天龍等身，及從意樂門，一切皆堪發願心，而爲此願心之所依。此中如《道炬》註釋云：「於生死發出離心，念死及慧與大悲。」是謂以如前所說之次第而修心，於菩提心稍得將意轉變之領納也。

壬三、受之軌則。分三。癸初、加行儀軌。癸二、正行儀軌。癸三、結行儀軌。

癸初、加行儀軌。加行，即受軌前一日，上師所作所說，大抵如六加行。此中又分三。子初、殊勝皈依。子二、積集資糧。子三、淨修意樂（淨修其心）。

子初、殊勝皈依。分三。丑初、淨地設像陳供。丑二、啓白與皈依。丑三、皈依竟說學處。

丑初、淨地設像陳供。

於寂靜處，灑掃潔淨，塗以牛身五物，灑以旃檀等勝妙香水，散布香花。將鑄塑等三寶尊形，及函軸並諸菩薩像，供置於几座等微妙之案臺。幔蓋花等供養之資具，盡其豐饒，當為設備樂器食物等。善知識所坐之座位，亦以香花莊飾陳設，於諸先覺者，更從供僧施鬼等門中積聚資糧。若無力供養，則如《賢劫經》所說，僅供布縷等，亦須作之。若有供者，則須無諂殷重尋求而供，令法侶見者，心生慚恥不忍。藏人於阿底峽尊者前，請為發心受戒時，曾告曰：「供養劣者，菩提心不生。」佛像則須一極善開光釋迦佛像，無可無之方便，經函亦須略波羅密以上之《般若經》；次請聖眾，弟子沐浴著鮮潔衣，恭敬合掌。戒師當令弟子於諸功德資糧田，至誠生信。想一一佛菩薩前，皆有自身恭敬而住，徐誦七支行願。

丑二、啓白與皈依。

啓白與皈依者，次於戒師生大師想，禮拜獻供，右膝著地，合掌恭敬，爲發菩提心事而請白云：「昔諸如來應正等覺，及入大地諸大菩薩，最初於無上正等菩提如何發心。我名某甲，今亦如是，請阿遮黎耶，令於無上正等菩提而發其心。」乃至三請而說，次所對之境，爲佛及滅諦爲主之道諦法，并不退之菩薩聖衆僧。時則從於今日，乃至未得菩提之間，爲救護一切有情故，佛爲皈依之大師，法爲正所皈依，僧爲皈依修行之助伴，作總思惟。別想如是意樂，於一切時中當不退轉。以猛利欲樂，如前所說之威儀而作皈依。「阿遮黎耶存念，我某甲，從於今時乃至菩提，於其中間，皈依佛兩足中尊。阿遮黎耶存念，我某甲，從於今時乃至菩提，於其中間，皈依寂靜離欲之法諸法中尊。阿遮黎耶存念，我某甲，從於今時乃至菩提，於其中間，皈依不退菩薩聖僧衆中之尊。」如是三說，此中一一皈依各一存念，及皈依法之辭句與餘不同。是依阿底峽尊者所作之儀軌也。

丑三、皈依竟，說學處。

皈依竟，說學處者，凡前於下士時所說之諸學處，今於此中，阿遮黎耶亦應為說也。

子二、積集資糧。

積集資糧者，於正傳承諸師，及前所說資糧田之前，當如前說而誦七支行願。

子三、淨修其心。

淨修其心者，如前所說慈悲之所緣行相，令其明顯。

癸二、正行儀軌。

正行儀軌者，於阿遮黎耶前，右膝著地，或作蹲踞，合掌而發其心。於此發心，既作所緣，諦想誠誓，乃至未得菩提而不棄捨之意樂，非但發心為求利他，願當得佛已耳！當依儀軌而發之，如是若於願心之學處而不能學，不過僅想為利一切有情，我願成佛而已矣！以軌則而發者，於發心之學處，能不能學，皆可受之。

然願心可有如是二種，若以儀軌受行心已，於學處不學，則爲不可。故許從龍猛及無著所傳衆多之戒軌，有可作不可作之差別者，不應理也。《教授勝光王經》亦云：「若不能學施等學處，但能發心，亦成多福。」以作根據，《修次初編》中云：「若人於諸波羅密多，雖不能於一切時處，修學一切學處。然亦感果大故，應以方便攝持，而發菩提心焉！」故於施等學處，若不能學，可以發心，不可受戒，極明晰矣。

受發心之儀軌者，於十方一切現住佛陀，及其一切菩提薩埵之前，請憶念我：「阿遮黎耶存念，我某甲，於此生及餘生，施性、戒性、修性，所有善根，自作教作，見作隨喜，以彼善根，如昔諸如來應正等覺，及住大地諸大菩薩，於其無上正等菩提如何發心，我某甲，亦從今時乃至菩提，於其中間，於無上正等廣大菩提而爲發心。諸未度有情爲令得度，諸未解脫爲令解脫，諸未出苦爲令出苦，諸未遍入涅槃爲令遍入涅槃。」如是三反唸之。皈依儀軌與此二者，雖無明說，須隨阿遮黎耶唸，然隨念爲是。此等是有阿遮黎耶之軌則。若不得師，應如何作者，如阿底峽尊者所造之發心儀軌云：「如是雖無阿遮黎耶，自於菩提發心之儀軌者，當於釋迦牟尼如來及十方一切如來，意念思惟，作禮拜及供養等儀軌已，不須誦阿遮黎耶之辭，但皈依等之次第應如前也。」

癸三、完結儀軌。

完結儀軌者，阿遮黎耶爲弟子宣說願心之諸學處。

辛二、得已，守護不失。分二。壬初、修學於此世發心不壞之因。壬二、修學於他生亦不離菩提心之因。

壬初、修學於此世發心不壞之因。分四。癸初、修學為猛利增長發心故，念其勝利。癸二、修學正為增長發心故，於六次發心。癸三、修學發心已，於任何事不捨有情。癸四、修學積集福智資糧。

癸初、修學為猛利增長發心故，念其勝利。

或閱經藏，或從師聞，思惟菩提心之勝利。如《華嚴經》中廣說，必須閱之。彼中如前所引，謂如一切佛法之種子。又謂攝一切菩薩行，及一切願故，猶如略示。此謂廣說支分雖有無邊，於略示中，一切皆攝。彼之略示，是如彼之總聚，謂攝菩薩一切道扼要之總聚也。《菩薩地》所說之勝利，是願心勝利。彼說最初發心堅固菩薩有二勝利，謂成勝福田，及攝持無惱害福。初者，如說當成世間人天所應禮敬。謂發心無間，即成一切有情功德之處。又如說云：「發心無間，從種性門，即能映蔽諸大羅漢。」謂成無上也。又如說云：「雖作少福，亦能出生無量果故，為勝福田，及為一切世間所依止，猶如大地。」謂如一切衆生之父母也。次，攝持無害者，常為兩倍轉輪聖王之守護神所護，雖在睡眠迷悶、放逸之時，諸常住藥叉，或諸非人，不能擾害，諸能息滅疾疫傳染病之密咒明咒，雖在他有情無有效驗，至菩薩手猶能應驗，況諸驗者，以是顯示，雖消災等業，若發心堅固，則易效驗。於諸共同之成就，亦因有此願心則速成也。隨所住處，恐怖饑饉非人等災，諸未生者即不生等，捨命之後，損惱亦少，且無諸病，具足忍辱柔和，能忍他害，而不害他等，又復惡趣難生，雖生惡趣，亦速解脫，於彼亦僅受微苦。并依此緣極厭生死，於諸有情而起悲愍。由菩提心所獲之福，設有形色，盡虛空界亦難容受。以財供佛未足少分，《德施所問經》云：「菩提心之福，假使有形體，空界遍充滿，猶復有盈餘。縱盡恆沙數，諸佛剎中人，滿盛諸珍寶奉獻世間尊。若有以合掌，心禮於菩提，此供養殊勝，彼無有邊際。」

阿底峽尊者繞金剛座而行，曾思如何作速得圓滿菩提。諸小形像，悉皆起立，問諸大者云：「欲速成佛，當於何學？」答曰：「當於菩提心而學也！」又於道場上虛空中，有一老母，幼者問之，亦如前答。尊者聞已，於菩提心大生決定云爾。如是攝大乘諸教授之關要，一切成就之大藏，超出二乘之大乘別法，於諸佛子廣大行勸勉之最勝依者，當知是菩提心也。於修習彼當增勇悍，如患渴者，忽聞水名，應於多劫中，以希有智，最極微細觀察諸道，知唯此爲成佛最勝之方便，佛及菩薩所見故也。《入行論》云：「於多劫中極觀察，諸佛見此有勝利。」

癸二、修學增長於六次發心。分二。子初、修學不捨已發之願心。子二、修學增長。

子初、修學不捨已發之願心。

如是既請佛菩薩善知識爲作證明。於彼等前，爲未得度有情，發令度脫等誓後。若見有情數量衆多，且復造惡，須於多劫勵力，歷時久遠，況二資糧無邊難行，皆須修學。以此爲緣，生起怯弱而置發心之擔，則較別解脫戒之他勝，其罪尤重。此《攝決擇分》中所言也。倘捨誓受之心，須於惡趣長夜流轉。此《入行論》中說也。又云：「如盲於糞聚，如何而得寶，如是何幸遇，我發菩提心。」當念我得此者，甚爲希有，於一切中不應捨離。緣念於彼，一剎那頃亦不放棄之誓願，應多修習。

子二、修學增長。

修學增長者，如是僅不棄捨猶爲不足，須於晝三次夜三次，以大勤勇令其增長。此復如上所說之儀軌，若能廣修當如彼作。若其未能，則於福田觀想明了，獻供養已，修慈悲等，當六次受持也。此之儀軌者，即「諸佛正法菩薩僧，直至菩提我皈依，以我所修諸善根，爲利有情願成佛。」每次三返也。

癸三、修學已，於任何事不捨有情。

修學不捨有情者，須知棄捨有情之心量如何，如依作不應理等因緣，便起是念，從此任何時中，亦不作此義利也。

癸四、修學積集福智資糧。

修學積集福智資糧者，以儀軌受願心已，於日日中當於增長菩提心之因，供養三寶等，積集資糧而努力焉！

壬二、修學於他生亦不離菩提心之因。分二。癸初、修學遠離能壞之四黑法。癸二、修學受持不壞之四白法。

癸初、修學遠離能壞之四黑法。

四黑法者，一、謂於和尚、阿闍黎、尊長、福田而作欺誑。欺誑境中，和尚闍黎易知。尊長者，謂欲作饒益人。福田者，前所不屬之具德者也。於彼等前爲作何事而成黑法耶？謂於彼等隨於何境，心雖了知，故作欺詐，即成黑法，而非妄之諂誑者，如下當說，此中須以虛妄而欺詐之。《集學論》云：斷諸黑法，是爲白法。此之對治，是四白法之第一也。二、令他於無悔處生悔。謂他修善無悔之補特伽羅，於彼所作之事，以令悔之意樂，於無悔處令生悔也。於此二中，能不能誑，及生不生悔皆同。三、誹謗大乘安住之有情。謂於菩提發心現前具足律儀之人，於彼所作之事。以瞋心發起而說不雅之惡言。對於境說者，謂了解其義之人也。生此甚易，而過患亦極重，前已略說。復次，若於菩薩生輕毀心，盡彼劫中而彼菩薩須住地獄。除謗菩薩，餘任何業，皆不能將菩薩墮於惡趣，此《最極寂靜決定神變經》所說也。《攝決擇分》中亦云：「未得記莂之菩薩，若於記莂菩薩忿恚諍毀，隨起幾許恚心，須於彼許劫中，復從初始修行地道。」是故於一切中須滅瞋恚。設若生起，無間而懺，於其防護，亦須勵力。即彼論中所說也。四、隨行諂誑無正直心。其境者，謂他有情俱可，於彼如何作者，謂行諂誑。其中諂誑者，如以升稱爲諞等。誑者，如無功德詐現爲有。諂者，於自作罪，方便不顯，此《集論》中說也。

癸二、修學受持不壞之四白法。

修學受持不壞之四白法者，即反四黑法也。其中一白法之境者，即一切有情也。所作者，於彼設遇喪命因緣，下至戲笑，斷故知妄說。若如是作，即自能於和尚闍黎等增上境不生欺妄也。第二白法之境者，謂一切有情。所作者，於彼無諂誑，以正直心而住。此是第四黑法之對治也。第三白法之境者，謂一切菩薩。所作者，起同大師之想，隨於四方讚其實德。夏惹瓦云：「我等雖作微少之善，然無增長之相，而壞盡之相則甚多。於菩薩及法侶，以瞋恚輕懱互生瘡疤，而壞盡也。」以是若能將此及於菩薩前所生之瘡疤斷之，則《集學論》中所說之依於補特伽羅而起之損失，將俱不生。以不知菩薩於何有故，應如《迦葉問經》「於諸有情，生大師想。」是修淨相，以作增上云耳！又護功德，是謂聽者至時，非不往四方稱讚而成過失也。此爲第三黑法之對治。第四白法之境者，自所成熟之有情也。所作者，令不樂小乘，執持圓滿菩提也。此亦就自己說，須將所化之機安立於圓滿菩提。若所化之機不生圓滿菩提之意樂，則不成罪，以不能成辦之故耳。以此斷第二黑法。若有至心將他安立一切安樂之究竟欲樂，則雖僅令他發生少不樂之追悔，及令不樂之加行，必不爲也。

能如是，則必不失菩提心，《師子問經》云：「累生於菩提，心於夢不捨，況於未睡時，不須說何成。佛告曰：或村或城邑，隨其所住處，正入於菩提，以是心不捨。」復次文殊《莊嚴剎土經》云：「斷除我慢嫉妒慳吝，及見他富饒，意生歡喜，若具此四，不捨所願。」又《寶積經》云：「若於一切威儀中修菩提心，及隨作何善之先，修菩提心，則於他生亦不離此寶貴之心。如是一切中而爲觀察。」等，顯然而說也。

辛三、犯已還淨法。

犯已還淨法者，除不捨願心，及心不捨有情二者之外，若違諸所學，乃至未具菩提戒之間，雖無菩薩之墮罪，然以有違誓受之學處，故成惡行，當以四力而懺之。

己三、發心已學行之法。分三。庚初、發心已於學處須修學之因相。庚二、釋方便與慧隨學一分不能成佛。庚三、正釋於學處修學之次第。（但觀此科目，即知宗喀大師之善巧。）

庚初、發心已於學處須修學之因相。

如是發願心已，於施等學處不能修學。彼亦如前所引慈氏《解脫經》所說，雖亦有大勝利，然若不於菩薩學處修行心要，則定不能成佛，故於行當學也。《三昧王經》云：「以是當以修爲心要也。何以故，童子，若以修爲心要，則得無上正等菩提不難故也。」又《修次初編》亦云：「如是發心菩薩，知自未調伏不能調伏於他已，自於修布施等極作加行，以無修行則不得菩提也。」修者，謂受戒已，於彼學處而修學是也。

庚二、釋方便與慧隨學一分不能成佛。

方便與慧隨學一分，不能成佛，故須轉入修成佛之方便。然彼亦須一不錯之方便。途徑若錯，任幾許努力，果仍不生。如欲取乳而掣其角也。又雖認為不錯，若支分不全，亦費力無果。譬同種子水土等，若隨一不具，苗即不生。此《修次第中編》所說也。若爾何為全而不錯之因緣耶？《大日經》云：「秘密主，彼一切種智者，是從大悲之根本生，是從菩提心之因生，是以方便而到究竟。」此中悲者，如前已說。菩提心者，世俗勝義二菩提心。方便者，施等皆圓滿也，此蓮花戒所說。有一類人，於如是之道，起邪分別者曰：「凡是分別，不但惡分別，縱是善分別，亦是繫縛生死，以其果報不出生死，如金索繩索咸成繫縛，黑白二雲同覆虛空，白黑狗咬皆生痛苦也。以是之故，唯有無分別方是成佛之道。其施戒等者，是為未能修如是了義之庸愚而說，得了義已，而更入彼等行者，如同國王降為農民，得象已而尋象跡也。」作是說者，引《八十種讚歎無分別之經》以作根據而成立也。彼謂一切方便，非成佛之正道，成大誹謗。以遮佛所教示之心要，分別無我慧之觀察，遠捨勝義故。此蓮花戒尊者雖以無垢教理善爲破除，廣建諸佛悅豫之善道。然至今猶有一類輕持戒等諸行者，於修道時，捨棄彼等，如前而作。又有一類，除謗方便外，見解亦同彼，及諸餘者，捨以分別慧求眞實之見，而許彼之任何不思爲善也明矣！彼等尚不成爲修空性之品類。縱許是修空性，謂善能修習者，惟修空性，不須修俗諦行品者，是則顯然與一切佛語相違，而乖道理者也。諸大乘人之所修，是無住涅槃。彼中不住世間者，是以通達眞實之慧，依勝義道之次第，或甚深道，或智資糧，或慧之支分等而修。不住寂滅涅槃者，是以了知盡所有性之慧，依世俗道之次第，或廣大道，或福資糧，或方便之支分等，以修習故也。《秘密不可思議經》云：「智資糧者，是斷一切煩惱也。以福資糧者，是長養一切有情也。世尊，以是因緣，菩薩摩訶薩，當於福智資糧而精進也。」又說《無垢稱經》亦云：「諸菩薩之繫縛云何？解脫云何？答曰：無方便攝之慧者，繫縛也。方便攝之慧者解脫也，無慧攝之方便者繫縛也，慧攝之方便者解脫也。」又《象頭山經》云：「諸菩薩之道者，總略爲二，云何爲二？所謂方便及慧也。」彼等諸義，《道炬》亦云：「離慧度加行，而障不能盡，故爲斷無餘，煩惱所知障，慧度瑜伽師，常應修方便，由慧離方便，及方便離慧，故佛說云縛，以是二勿離。」又云：「具慧度行捨，施波羅密等，諸善資糧淨，佛說爲方便，諸修方便力，而復能修慧，彼速得菩提，非唯修無我。已曾通達蘊、處及界無生，了知自體空，遍釋名爲慧。」明顯而說之。《寶髻經》云：「須具足施等一切方便，而修一切種最勝之空性。」又《集研覈經》云：「諸菩薩爲菩提故而修六度。諸愚癡人，謂但應學慧度，以餘何須用，此破壞心也。」復云：「又諸愚人，謂唯以一法而證菩提，即空性是。彼等之行，皆不淨也。」倘作是想，修學施等諸行者，是無堅固通達之空性，若有則足矣！設如是者，則已得初地等諸佛子，及特於無分別智獲得自在之八地菩薩，當不須行。然此非應理。十地菩薩，雖各地以施等而爲主要，然非於餘等不行也。以《十地經》說故。謂於一一地，或行六度，或行十度也。特別於八地中，一切煩惱皆以斷盡，安住寂滅一切戲論勝義之時，復由佛勸云：「僅此通達空性不能成佛，以諸聲聞獨覺亦得此也。須觀我等身相智慧刹土等諸皆無量，我之力等亦汝所無，故應發起精進。又應思惟種種煩惱侵擾未寂之有情，亦勿捨棄此忍門。」如是勸已，於菩薩行猶須修學故，餘人須行，則何待言哉？至於無上密部最高道時，雖有不同。然總於金剛乘及波羅密多乘，於發菩提心及學六度共同之道，大體相同，如前已說。若復作是言，非說不須施等，謂於彼等任何亦不思惟，則施等皆完全矣！以不耽著能施所施施物故，而無緣之施則全，如是餘等亦全。經中亦說，於一一度中攝六度故耳。倘僅以此即全者，則外道於心一境性之止中平等住時，亦無耽著故，當全一切波羅密多。又別如《十地經》說，雖聲聞獨覺，亦有於法性無分別智，於彼平等住時，當全一切菩薩之行，成大乘也。若因經說，一一度中便能攝六，即以爲足。則獻壇供亦說塗牛糞水之行施有六，唯爲彼而應理耶？是故以見攝行，及以方便攝慧者，譬有慈母，因愛子死，爲憂所苦，與餘談說等時，任起何心，而憂惱之勢力不滅，然非一切心皆是憂心。如是若通達空性之智勢猛，則於布施、禮拜、旋繞等時，緣彼等心，雖非通達空性，然具彼之勢力而轉，亦無相違。初修之時若以猛利菩提心爲前行，則雖住空性定時菩提心不現起，然以有彼力執持，亦無相違，慧與方便不相離之理，亦如是也。於說福德資糧之果，爲世間身財長壽等，亦不應錯誤，若方便與慧相離，雖是世間，倘以慧攝持，則極可爲解脫與種智之因也，如《寶鬘論》云：「大王，佛色身，從福資糧生。」教有無量也。復次，汝設作是說，雖趣惡趣之因，一切惡行煩惱，皆能轉爲成佛之因。或又說言，雖成善趣之因施戒諸善，亦是生死因，不成菩提之因，此當平心而論。又於經說，於施等六度，現行耽著，是魔之業。《三蘊經》亦云：「由墮所緣而行布施，及執戒爲勝守護戒等，彼等一切皆當懺悔。」又《梵問經》云：「盡其所有一切行之觀察者，分別也，無分別者，菩提也。」如是等處，不應誤解。初之義者，由於二我顛倒耽著，而發起行施等者，以不清淨，說為魔業，非謂施等即為魔業，若不爾者，說墮所緣而施，則不須墮於所緣，理應總說布施當懺悔，然不如是而說故耳！《修次第末編》中如是答覆之理，最為切要。若邪解此已，則將一切行品，為執補特伽羅或法我之相，認為有相故也。苟念捨此物之捨心，及念防此惡行之防心，並如此一切善分別，皆是執三輪之法我執。則諸得法無我見者，當如瞋慢等而滅一切種為應理，不可為彼而依之矣！若將此為此想之一切分別，皆屬分別三輪之法我執。則於善知識功德、及思暇滿大義等，并念死、思惡趣苦及皈依，從此業生此果，修慈悲菩提心，於行菩提心之學處等一切修學，皆是須想此者此也，從此生此，於此有此功德過失。如是思惟，引生決定。於彼有幾許大之決定，則法我執愈增長。又於法無我修幾許大之決定，則彼等道之決定漸次微小。行與見之兩方面，如寒熱之相違。於此二種，無生猛利恆常決定了知之地位矣。是故如於果時所得之法身及色身二不相違，則於修道時，亦須於二我相執之寄託，須無微塵許之戲論，引起決定了知與從此生此及於此有此功德過患等，亦引起定解，二者不相違也。彼亦於根本之見，決擇二諦之理而得自在。以教理正之，於一切世出世法之本體中，決擇無有塵許之自性成就，而安立勝義之量，與因果法，亦不爽毫釐，別別決定安立因果名言之量，二者彼此互助，豈成能損所損者哉！於此若得決定，則可稱爲通達二諦之義及得佛意者也。第三經義，彼經爾時，是觀察生住等時，說施等於眞實不生，謂分別者唯是安立之意，非說不依彼等而當棄捨。此《修次末編》中說也。以一分道品而不足者，《集經論》亦云：「離善巧方便之菩薩，不應於甚深法性精進勤修。」明顯說之。《秘密不可思議經》亦云：「善男子，譬如烈火，從因而燃。因若無者，則當息滅。如是從所緣而心然，若無所緣，心則寂滅。善巧方便之菩薩，以清淨般若波羅密多，了知寂滅所緣。於善根所緣，亦不寂滅。

於煩惱所緣，亦不生起。於波羅密多所緣，亦爲安住。於空性所緣，亦爲分別。於一切有情以大悲心，於所緣亦觀也。」謂於別別所說無緣有緣，須判別也。如是於煩惱及執相之縛須緩，學處之繩則須緊。於性遮二罪須壞，於諸善業則不須壞。故以學處拘束，與爲執相之縛，二者不同。守戒而緩，及我執之縛而緩，二者亦不同。壞與解脫等義，亦應善爲觀察。蓮花戒阿闍黎破不作意之理者，謂住於決擇勝義理之見上，於餘任何亦不作意，專注一趣而修者，非其所破。若非住於抉擇勝義理之見，而心不行動，任何亦不分別而住，爲修空性者，是所破也。此是顯密皆同。然顯密二中，以分別慧觀察已，於彼修習有如何共同與不同之理者，下文當說之。

略論卷四竟

菩提道次第略論卷第五

宗喀巴大師造
大勇法師講譯　智湛居士筆錄
法尊法師補譯　校塵空治潤
昂旺朗吉堪布口授校對

庚三、正釋於學處修學之次第。分二。辛初、總於大乘修學法。辛二、別於金剛乘修學法。

辛初、總於大乘修學法。分三。壬初、於菩薩學處求學。壬二、學已受菩薩戒。壬三、受已修學之法如何。

壬初、於菩薩學處求學。

雖調伏律與密宗戒二者，於未受各各律儀之前，不可聽其諸學處，然此菩薩學處則不同焉！先知諸所應學而淨修其因已，若能勇悍執持，乃傳其律儀，以是先須知諸學處，以作意所緣境，於彼至誠修極欲學而得律儀者，則甚堅固。斯爲善方便矣。

壬二、學已受菩薩戒。

學已受菩薩戒者，《戒品釋》中，曾將初如何受戒之規，次彼無間於根本墮罪及諸惡作，守護方法，並違犯還出之規律等，廣決擇已。於受戒之先，決須觀覽彼釋而知之。

壬三、受已修學之法如何。分三。癸初、依何處學。癸二、諸學攝於彼。癸三、修學之次第如何。

癸初、依何處學。

菩薩所依學處，明晰分之，雖無邊際，若以類攝，可於六度攝菩薩一切學處。六度者，是攝菩薩道一切關要之大總聚也。

癸二、諸學攝於彼。分二。子初、正義數決定。子二、兼說次第決定。

子初、正義數決定。

世尊略說六度之總聚，補處彌勒菩薩乃將如是所說之因相關要，如佛密意而為顯釋，令生決定智。是此諸數決定之理。若於此理獲得奪意之定解，則於修習六度，自當認為殊勝之教授也。此中有六：第一、觀待於增上生數決定。欲得圓滿菩提諸廣大行，須經多生之相續。於彼道次第之進步，若無一體相圓滿所依之身，如現世之身僅有一二支分，任修何種亦難增長，故須一圓滿一切支分之身。彼亦須具足所受用財，能受用身、同受用之眷屬，與能成辦之事業，四種圓滿也。雖有彼許之圓滿，然多隨煩惱緣而轉，故亦須不隨煩惱增上而轉。然此亦未足，須於諸取捨處不顛倒行，善能分別於所緣境。若不爾者如竹葦、芭蕉之結實，及騾懷妊而反自害，即以彼圓滿而成害故也。若具慧者，則知爲昔善業之果，仍更於諸善因努力，漸成增長。若無此慧，先積之果，受用令盡，新者未增，後則從始感苦焉！故於餘生，感六盛事，非從無因及不順因中出生。其隨順因亦如其次第六度而決定，修道時之資具等者，即爲現時之增上生，身圓滿等究竟之增上生者，唯佛地有也。如《莊嚴經論》云：「現上受用身，眷屬勤圓滿，煩惱常無力，所作不顛倒。」第二、觀待於成就二利數決定。若以如是之身學菩薩行，菩薩之事，唯二而已，謂修自他之利也。

於修利他，首須以財而作饒益。彼中若具損害有情之施，則任何亦無成就，善能遮止損害他之所依，是大利他，故須戒也。於戒圓滿，若他來損害而不能忍，或一或二而作報復，則戒不清淨，故於他損，須不顧念之忍也。以不報復，能免他積多罪行，彼歡喜已，有善利行，故成大利他矣！自利者，是以慧力得解脫樂。然彼於散心不能成故，須以靜慮，令心等住，於其所緣，方得如欲安住之堪能焉！又於彼有懈怠亦不生，故須於一切晝夜，勤不疲厭之精進，此爲彼等之根本也。以是於彼二利六度決定。頌曰：「勤起捨不損，行忍利有情，住及解脫本，自利諸處行。」於此未說利他一切處也。言住及解脫者，謂心住所緣是靜慮之跡，解脫生死是慧之跡，此二若各各分別，則於止不誤爲觀也。第三、觀待於成就圓滿一切利他相數決定。先以財施除彼貧乏，次於有情不作損害。猶不僅此，且堪忍害他。爲他助伴不厭精進。依於靜慮，以神通等令意悅欲堪成法器。依慧善說，斷其猶豫，令得解脫，故六度決定。頌曰：「不乏亦不損，忍害事無厭，令喜及善說，利他是自利。」第四、觀待於攝一切大乘數決定。謂於已得受用無貪，未得受用而不希求，無所顧戀，如此則能守護學處，受持淨戒，而復敬重。於依有情及非有情所生苦惱，堪忍無厭，隨於何善所作加行，勇敢無厭，及修止觀無分別瑜伽。以此六事，攝大乘一切所行，彼等亦以六度次第而成辦，無須多故。頌曰：「不貪著受用，極敬二無厭，無分別瑜伽，攝大乘一切。」第五、觀待一切道，或方便之相，爲增上數決定。於已得境界受用不貪之道，或方便者，是謂布施，以串修捨，於彼離貪故也。爲求得未得境界，於彼功用散亂，作防護之方便者，是由安住於苾芻律儀，不生事業邊際之一切散亂故也。不捨有情之方便者，是謂忍辱，以作一切損害之苦，立思不捨離故也。增善方便者，是謂精進，由勤精進，善增長故也。淨障方便者，是末二度，以靜慮淨煩惱障，以慧淨所知障故也。是故於六度決定。頌曰：「於境不貪道，防得彼散亂，不捨有情增，餘爲淨治障。」第六、觀待於三學數決定。戒學之體，即是戒度。此須有不顧受用之施，方能受戒，故施爲戒之資糧。受已，又以他罵不報等忍辱而爲守護，則忍爲戒之眷屬。靜慮是心學，慧是慧學也。精進，遍通於三學所攝，故六度決定。頌曰：「三學作增上，佛正說六度，初三末二二，一者三分攝。」如是當以如何圓滿之身，自他之利如何圓滿，住於何乘，具足幾種方便之相，修何學處，而能圓滿身利大乘方便學等者，當知即爲六度。是菩薩修持一切要道之總聚，乃至未得廣大甚深定解以前當思惟之。

子二、兼說次第決定。分三。丑初、生起次第。丑二、勝劣次第。丑三、粗細次第。

丑初、生起次第。

若有於受用不顧不貪之施，則能受戒，若具防止惡行之戒，當能忍辱，若有不厭難行之忍，則逆緣少而能精進，若於日夜勤行精進，則心於善生起堪能之三昧，若心等引，則生通達眞實如所有性之慧也。

丑二、勝劣次第。

勝劣次第者，前前劣，後後勝也。

丑三、粗細次第。

粗細次第者，前前較於後後，心易轉而事易作，故相粗顯。反之後後較於前前，知與行俱難，故前粗後細也。《莊嚴經論》云：「依前而生後，住於劣勝故，粗顯及細故，說彼諸次第。」

癸三、修學之次第如何。分二。子初、行者總修學法。子二、別於後二度修學法。

子初、行者總修學法。分二。丑初、學行六度成熟自佛法。丑二、學行四攝成熟他有情。

丑初、學行六度成熟自佛法。分六。寅初、布施學處。寅二、戒之學處。寅三、忍之學處。寅四、精進學處。寅五、靜慮學處。寅六、智慧學處。

寅初、布施學處。分三。卯初、施之自性。卯二、施之差別。卯三、身心生起之法。

卯初、施之自性。

捨之善思，及彼發起之身語業，是彼身語於施趣入時之思也。彼中圓滿布施波羅密者，非待以所施物惠捨於他，令諸衆盡離貧苦，謂但自壞慳執，并將施果捨他之心修習圓滿，則成就施度也。

卯二、施之差別。分二。辰初、對人不同之差別。辰二、施自性之差別。

辰初、對人不同之差別。

財施，爲在家菩薩所作，出家菩薩應行法施，不行財施。是《菩薩別解脫經》中所說也。此中密意，謂於聞等當成障難，此《集學論》中所說也。然此是遮出家求財而捨施，若於自善所作無所防損，以昔福力多所獲得，則亦須行財捨也。夏惹瓦云：「我不爲汝說捨之勝利，但說執持之過患。」是於出家之碌碌營求，積集財貨，於戒多生瘡庖而行施捨，爲不悅之言耳。

辰二、施自性之差別。

施自性之差別有三：一、法施者，宣示無倒正法，及工巧等，世間無罪之事業邊際，如理教示，并使受持學處也。二、無畏施者，於王賊等人之怖畏，及獅虎等非人並諸水火大種之怖畏，悉救護之。三、財施者，捨財於他也。

卯三、身心生起之法。

於身心生起之法者，若於身財有慳吝者，不成施度。慳吝，乃貪所攝，雖劣乘二種羅漢，亦并種子摧斷無餘故，是故非僅唯除礙施遍執之慳吝，須至心生起將一切物於他施捨之意樂也。此中須修攝持之過患，與施捨之勝利。初者如《月燈經》中所說，見此身不淨，命動若懸岩之水，身命二者，是業所自在，全無自主，妄如夢幻，須斷除於彼之貪著。彼若未遮，則隨貪增上，展轉積集諸大惡行，而墮赴於惡趣也。次者，如《集學論》云：「如是我身心，刹那刹那去，無常有垢身，若以得無垢，菩提豈非彼無價而獲耶？」正生起之法者，如《入行論》云：「雖身及受用，三世一切善，爲利有情故，無惜當捨施。」謂以身、受用、善根，三者爲所緣境，捨於一切有情之意樂，當數數而修習之。

復次當知，以現在勝解未熟，觀力微弱，於有情所，雖以意樂已施身竟，然肉等不應實與。雖然，若不修捨身命之意樂，無由串習，則以後身命亦不能捨，如《集學論》中說，須從現在而修意樂也。如是若於已至心捨與有情之衣食等而爲受用，忘爲利他而當受用衣食等之意樂，以愛著自利而受用者，則成染犯，若無愛著或忘緣一切有情之想，或貪爲餘一有情故者，非染墮也。於彼等回向於他之物，作他物想，若爲自故而受用者，成不與取，其價若滿，則成別解脫之他勝。若作想云，受用他有情之財，應作他事而受用者，則無罪。此《集學論》中說也。成他勝理者，謂至心回向於人趣，彼亦了知攝爲已有，作是他物想，爲自利而取，若滿其價，有可成他勝罪之密意云耳！

復次，以至心淨信，分別變化無量種類所施之法，以勝解而施於有情之勝解行者，則少用功力，增無量福。此爲菩薩具慧之布施，是《菩薩地》中說也。雖於學施度之時，若能具足六度而修學，其力尤大，爾時防護於聲聞獨覺作意之戒，及於種智之法勝解堪忍，而忍他罵，爲令上上增長故，發起欲樂之精進，以不雜下乘之心一境性，將彼之善，回向於圓滿菩提之靜慮，於諸能施所施受者等，有了知如幻之慧，具六度而行之。

寅二、戒之學處。分三。卯初、戒之自性。卯二、戒之差別。卯三、於身心生起之法。

卯初、戒之自性。

由遮止損他事，令意起厭離之思者，謂之戒。是以律儀戒爲主，增上而作也。以彼思之串習，而成上上圓滿戒波羅密多，非謂於外能令有情胥離損害之門。《入行論》云：「從得遠離思，說戒到彼岸。」

卯二、戒之差別。

戒之差別有三：一、律儀戒者。若就發起作增上，是斷十不善之十種遠離，若就自體作增上，乃斷七不善身語之七種遠離也。此《菩薩地》中說。菩薩身心之律儀戒，即七衆別解脫之意者，若是具別解脫律儀，具菩薩戒律儀者，則或在家或出家品之正別解脫律儀，及與彼身心共同所斷律儀者，是律儀戒。若是不堪為別解脫律儀之身，具菩薩律儀戒者，則遠離共別解脫之性罪，及遠離隨類制罪之遠離律儀者，是律儀戒也。菩薩身心之別解脫律儀者，雖是菩薩身心之戒律儀，然非菩薩之正律儀，其餘者，有與菩薩律儀所依相順也。二、攝善法戒者。緣於六度等善，於自身心，未生令生，已生今無衰退，展轉向上增長也。三、饒益有情戒者。從戒門中於有情今後無罪之義利，如理而為之。

卯三、於身心生起之法。

於身心生起之法，戒清淨者，由於行止，如制守持，而得自在。彼亦隨順猛利欲樂守護而堅固。於彼生起，須久修不守護之過患，及守護之勝利，於前中士時已說。復次，《攝波羅密論》云：「壞戒尚不能自利，利他有力如何成，是故利他善勤者，於茲緩漫不應理。」又云：「彼戒是得殊勝道，與諸悲性平等修，最勝淨智之自性，名爲離過勝莊嚴。悅意香薰遍三界，出家不違之塗香，雖形儀同若具戒，彼於人中成殊勝。」謂依於此，則身心由上趣上，與諸稟性有悲之大薩埵同等所學，得斷一切惡行種子之淨智。世間裝飾之具，施於甚幼及甚老者，則不端嚴，反招譏笑。戒飾具者，老少中年，任誰具足，一切皆生歡喜，是爲勝妙莊嚴之具也。餘妙香者，但趣順方，不趣逆方，是一方分。戒稱之香者，則趣一切方所。諸除熱惱之旃檀塗泥，於出家用之則相違，然救煩惱熱之塗香者，於出家不違而且順也。僅具出家相，雖形儀同，然若具戒財者，則較餘爲最勝也。又前論云：「雖不自讚不致力，聚所受用之承事，無須狠戾世皆敬，無功不行得自在，生無論談之種姓，不作饒益蘭若者，雖先不識諸士夫，禮彼具戒之士夫，足下所履吉祥塵，以勝頂受天人禮，稽首獲得皆持去。」當如說而思之。如是戒雖有三，而正以律儀戒。於別解脫之制罪，或與彼共同處以作行止，此在菩薩亦爲首要。若護於彼，餘亦成護，若不護彼，餘亦不護。若壞菩薩律儀戒，是壞一切律儀。此《攝決擇分》中說也。是故若作是想，謂別解脫律儀是聲聞戒，棄彼之行止諸制，而菩薩之學處須於餘學者，是未知菩薩戒學之關要也。律儀戒者，爲後二戒之根本依處，以多次說故。律儀戒之主要，亦是斷諸性罪。攝諸性罪重大過患之關要者，是斷十不善故。於彼雖僅等起心，亦防護不令生起，當數數修之。《攝波羅密論》云：「善趣解脫安樂道，十善業道不應壞，住此思惟利衆生，當有意樂勝果生。諸身口意當正護，總謂是戒佛所說，是攝無餘戒根本，故於此等當淨修。」總之以彼爲本，於自所受戒學，數數修學防護之心等，即戒之修持也。具足六波羅密而作者，自住於戒，亦安立他於彼者是施，餘者如上。

寅三、忍之學處。分三。卯初、忍之自性。卯二、忍之差別。卯三、身心生起之法。

卯初、忍之自性。

耐他損害及自生苦而能安受，心正直住，於法善思勝解。彼相違品，謂瞋恚怯弱，不解不樂也。此中忍度圓滿者，但是滅自忿等，心串習圓滿，非觀待一切有情悉離暴惡也。

卯二、忍之差別。

忍之差別者，謂他作損惱，皆不在念，自身生苦，安忍受之，於法決心堪忍也。

卯三、身心生起之法。

於身心生起之法者，須知修忍之勝利，及不忍之過患也。初者，應思當來，無多怨敵，親友不離，有多喜樂臨終無悔，身壞之後，當生天中也。如《攝波羅密論》云：「於有將捨利他意，最妙對治說爲忍，世間善樂諸圓滿，於瞋過中忍皆救。是具力者勝莊嚴，是斷難行最勝力，是息害心野火雨，今後諸損忍能除，以勝士夫忍甲鎧，暴惡衆生語之箭，反成讚嘆微妙花，亦成悅意名稱鬘。」又云：「具德莊嚴飾相好，著色工巧亦忍是。」於此勝利，乃至未得猛利堅固決定當修習之。次不忍之過患者，《入行論》云：「千劫所積集，供養善逝等，所有諸善行，一瞋皆能壞。」此如馬鳴菩薩所說而建立也明矣！《文殊遊戲經》中，則說為壞百劫積集之善也。所對境者，一說須於菩薩，一說於普遍之境。前者與《入中論》中「何故以瞋諸菩薩，百劫所積施戒善，以一刹那能摧壞。」所說同也。生瞋之所依者，雖菩薩若瞋猶壞善根，況非菩薩而瞋菩薩哉！其境為菩薩隨知不知見可瞋之原因隨實不實，皆如前說能壞善根，同《入中論》註中說也。總之壞善根者，不必須瞋菩薩，如《集學論》引《說一切有部律》云：「苾芻於髮爪窣堵坡，若淨信心以一切支分而作禮，乃至金剛地基，盡其所壓幾許地之微塵，當受用千倍爾許轉輪王位。」又云：「彼善根者，若於同梵行所，出生瘡疱，悉當壞盡。」以是之故，若於株杌猶不起瞋，沿於具識之身耶？」壞善根之義者，謂壞往昔諸善能速生之果，轉令果久遠，而先出生瞋之果，以後遇緣，各各之果仍當出生。蓋世間道，隨以何法，皆不能斷所斷之種子，以煩惱無有能斷之種子故也。此有類善巧者所說。然彼因相不為決定。異生以四力對治不善之清淨，雖非斷種，然其後遇緣，異熟亦不生故。又得加行道頂忍位時，雖未斷邪見，及惡趣因之不善種子，然縱遇緣，亦終不生邪見及惡趣故也。如云：「業向重處牽。」謂善不善業，以何先熟，餘業則暫無熟之分位。僅依此理，不能建立爲壞善不善，彼未說故。惟就異熟暫遠，不可以爲壞善根義，若不爾者，則一切具力不善業，皆應說爲壞善根也。是故此中清辯阿闍黎，如上所說，以四力而淨不善，及以邪見瞋恚而壞善根二者，如種子壞，雖遇緣亦不生芽，後雖遇緣果亦無能生也，彼亦如前，如說雖修四力懺罪而能清淨，然生上道則遲緩，亦不相違。故有一類所許，謂雖壞出生布施持戒受用及身圓滿之果，然不能壞修習施捨及斷心之所作等流，後乃易生施戒之善根。又有一類則謂，雖壞出生內戒等之所作等流，同類相續，而不壞出生身受用等圓滿。復有一類則如前所說，若不瞋記莂菩薩，則以一劫能行圓滿所證之道，倘生一瞋恚之意樂，雖不捨彼身心中已有之道，然以一劫行道則遲緩。總之如淨不善，無須令彼一切皆淨，其壞善根，亦不須令彼一切皆壞，想當如是耳，雖然，此最切要，須唯佛之教及依彼之正理而觀察也。當善閱經教以觀察之，如是感極猛利不悅意之異熟，及滅於他世出生極悅意之異熟果者，是非現見之過患也。現法中過患者，意無領受寂靜調柔，壞先所有歡喜安樂，後不復得，不能安眠，心不正住。若瞋增盛者，雖昔以恩而爲將護，亦皆忘恩而興殺害，雖係親友，亦爲斷絕，縱以施攝亦不住等。此《入行論》所說也。又《入行論》云：「無罪惡如瞋，無難能如忍，由是應殷勤，種種理修忍。」思惟勝利及過患，當從多門勵力，修習堪忍，積集極苦異熟，與摧壞善根，二者之惡行，不定唯瞋。如誹謗因果之邪見及謗正法，於菩薩師長等前，生起輕懱我慢等。於《集學論》中，應當了知。

修耐怨害忍之理者，觀察彼能害之人，於不作害有無自在，以非有自在故爲損害。謂以宿習煩惱種子，及非理作意等因緣，而起欲作損惱，以是復起諸損之加行，由此於他發生苦故，然彼亦爲煩惱自在。如作僮僕，於自無主。被他勸使而作損害，故瞋不應理。譬如被魔所附者，隨彼自在而轉，雖遇來救解爲作饒益之人，彼反作損害而行打等，然皆念彼因魔力故，毫無自主，故如是作。於彼無少忿恚，惟努力令其離魔。菩薩亦須如是作也。《四百頌》云：「瞋亦鬼所持，醫不憤如是，能仁見煩惱，非屬煩惱人。」又如月稱阿闍黎亦云：「此非有情過，此乃煩惱咎，察已諸善巧，不忿諸有情。」復次，領受損害所生苦者，是受我往昔所集惡業之果，依於彼故，此業當盡。若於彼修忍，則不新集於後受苦之因。若瞋恚者，則彼業亦須受極大之苦焉！以是之故，如療重病之方便，須忍於針灸，爲除大苦而忍小苦，極應理也。

修安受苦忍之理者，彼已生苦，若有治法，則不須意不喜悅。若不可治者，雖不歡喜，亦無益而有過。倘太嬌慣，雖微小苦亦極難堪忍，若嬌泰小，雖大痛苦亦能耐故。心持苦品之理者，謂若無苦，則於生死不希出離，故有能勸解脫之功德。又若遭痛苦，則摧矜高，故亦有除慢之功德。又若領納猛利苦受，則思彼苦從不善生。不欲彼苦之果，須止其因，故亦有於罪惡生羞恥之功德。以苦逼者，則希欲安樂，需彼安樂須修善故，亦有於修善生歡喜之功德。比例自心，念他亦苦，於輪迴者知生悲憫。念此苦惱是希求處，而數數修心。彼復如云：「若修不易成，此事定非有，以是修小苦，大苦亦當忍。」執持安受苦意樂之甲胄，漸於小苦受之，則安受苦力當愈增廣也。

修法思勝解忍之理者，信境謂三寶，證境謂二無我，欲境謂佛菩薩之大力，取捨之境謂善行惡行之因及彼等果，修習境所得之義謂菩提，得彼之方便謂菩薩學處之道，聞思之境謂十二分教等之正法。於彼等須無類別而修勝解也。

寅四、精進學處。分三。卯初、精進自性。卯二、精進差別。卯三、身心生起之法。

卯初、精進自性。

於攝善法，及作有情義利之故，心生勇悍，及由彼心所起三門之動業，廣如《菩薩地》中說。

卯二、精進差別。

精進差別有三：一、擐甲精進者。菩薩於精進加行之前，其心勇悍爲先導，而擐意樂之甲。以百千俱胝倍三無數大劫，爲除一有情之苦，乃至唯住地獄，而能成佛，亦勇悍而爲，爲以圓滿菩提故，而行精進。如是住於精進，猶且不捨，況於短時小苦則何待言哉！如此念已，而著意樂之鎧甲。二、攝善法精進者。爲修六度故，於彼應行。三、饒益有情精進者，同前。

卯三、身心生起之法。

於身心生起之法中，勤發精進之勝利者，《莊嚴經論》云：「善法聚中精進勝，由依此故彼隨得，以精進後住勝樂，世出世所攝成就。精進當得世受用，精進能具極清淨，精進超脫薩迦耶，精進成佛勝菩提。」《攝度論》亦云：「若具無厭大精進，不得不成悉皆無。」又云：「非人於彼喜饒益，當得一切三摩地，有果度諸日夜時，以功德聚不下墮，得勝人法之諸事，增長猶如青蓮花。」

不勤發之過患者，《海慧問經》云：「具懈怠者，於菩提極遠而甚遠。諸具懈怠者，從無布施，乃至無慧。諸具懈怠者，無能利他。」又《念住經》亦云：「唯一煩惱本，何有如懈怠，誰有一懈怠，彼是無諸法。」如說應思。正生精進之違緣有二：一、雖見能修善法而不行。二、念我何能修彼之怯弱。初中復二：一、念後有暇而作推緩。二、爲庸常事等所映蔽。初之對治者，當思已得人身，速當壞滅，死墮惡趣，後難得此妙善之身。修此三者，前已說訖。貪著庸常事之對治者，應思正法，是出生現後無邊喜樂之因。無義戲論及掉舉等諸散亂事者，是能失壞現世之大利，及引發後世無義衆苦之所依，應斷滅之。第三、怯弱復有三：一、以所得佛之功德無邊故，而念我不能得。二、以方便須捨手足等無量難行故，而念我不能行。三、以處所須於生死受無邊生故，而念於爾時被生死苦所損惱而怯弱也。初之對治者，念昔諸佛亦非最初即得甚高之道，亦唯如我於道漸次上進而成佛。薄伽梵亦說，諸較我極爲下劣者，亦當成佛，我若不捨精勤，何故不得，當思惟之。第二對治者，念雖應施身等，然於生難行想時，亦可不即施，若至捨時如與果菜等，則無所難也。第三對治者，念以菩薩斷罪故，則苦果不生，以堅固通達生死無有自性如幻故，則於心無苦。以身心增廣安樂，雖住世間，無所厭事。如是思已，而斷怯弱也。

精進所依之順緣有四：一、勝解力者。修習業果，於取捨而生欲樂也。二、堅固力者。於未觀察，任何不隨而轉，觀已起行，則至究竟。三、歡喜力者。如嬰兒戲，無輟無厭，而行精進。四、止息力者。以勤精進，身心疲勞，由暫止息，疲勞得蘇，仍無間而行也。如此由滅違緣及依順緣，身心輕利，如風吹木棉，搖曳之中而行精進也。修學精進時，具足六度而行者，自住精進，亦安他於精進，是精進之布施，餘者同前。

寅五、靜慮學處。分三。卯初、靜慮自性。卯二、靜慮差別。卯三、身心生起之法。

卯初、靜慮自性。

於隨一妙善所緣，心一境性，心正安住。

卯二、靜慮差別。

差別者，從自性門，有世出世間之二。從品類門，有止與觀及止觀雙運之三品。以作用之差別，有令現法身心安樂而住，及現證功德，與饒益有情之靜慮。一、於何等引生起身心輕安之靜慮。二、成就神通解脫遍處勝處等共諸聲聞所有功德之靜慮。三、以靜慮成辦十一種饒益之靜慮。

卯三、身心生起之法。

生起之法，思惟修靜慮之勝利及不修之過患等，於下奢摩他時，當廣說。修學靜慮具六度之施者，自住靜慮，亦安他於彼是也。其餘如前。

寅六、智慧學處。分三。卯初、智慧自性。卯二、智慧差別。卯三、身心生起之法。

卯初、智慧自性。

總言慧者，於所觀境，事物或法，能具揀擇，此通於五明處善巧之慧也。

卯二、智慧差別。

慧差別中，有通達勝義，通達世俗，及通達有情義利之三慧。一、通達勝義者，無我之眞實義，由總義門而爲比度，及由現證門而爲量度也。二、通達世俗者，即通五明處善巧之慧也。三、通達有情義利者，即了解有情現後無罪義利，如何修行之理也。

卯三、身心生起之法。

生起之法，應思惟慧生不生之功德及過患。初者，《般若百頌》云：「見不見功德，慧是其根本，由修此二故，當攝持智慧。」菩薩於乞者，雖施身肉，如取之於藥樹，無慢怯等之分別者，蓋以智慧現證眞實之故也。又以見三有涅槃衰損之慧，爲利他而修戒，令戒清淨，以慧通達不忍及忍之損益，令心調伏，不爲邪行苦楚所奪。又以慧善知精進之事，於彼精進，趣道甚速。又安住眞實義靜慮之殊勝喜樂，以依道理之慧而成辦，故能清淨施等五度者，由般若而得自在也。顯現相違之二事，以具慧故，成不違者。如菩薩若爲四洲之轉輪聖王，而不爲增上欲塵所轉者，是具足慧忍之力。如是雖見悅意有情，慈心猛利，然不致滲合少許之貪著。雖於有情之苦，有猛利恆常不忍之悲愍，然無憂逼，致起爲善不勇之懈怠，雖具歡喜無量，然心於所緣，無散亂之躍動。雖常具平等大捨，然於衆生義利，剎那亦不棄捨者，以具慧使然也。又於能爲彼等同等力之障礙，亦以慧而滅故。如《讚所應讚》云：「不捨於法性，而隨順世俗。」謂諸相縛，所執之事，雖微塵許亦不可得，而於得大決定之法性亦不須捨，然與內外因緣出生別別之果，心得決定之俗諦，亦不相違，而且隨順。故於諸無慧力者，最極乖違之事，而於具慧者不違且順。又如彼論云：「開許及遮止，佛語或一定，或時則不定，彼此亦無違。」謂大小乘及顯密二中，開遮不同，有其多種，彼等以一補特伽羅受持二種，尋求無量經教之密意，無慧力者雖成相違，然於善巧則不相違。亦是以慧而爲之也。

次、慧不生之過患者。若離智慧，則施等五度及見，不成清淨。《攝度論》云：「若無智慧而求果，布施自性不成淨，利他捨施說爲勝，餘是增財之加行。」又云：「不以明慧而除暗，彼不能具清淨戒，多以無慧諸戒等，以染慧成煩惱濁。」又云：「由邪慧過擾其心，不信解住忍功德，分別美惡持不善，如無功德王名稱。」又云：「於諸智者勝讚嘆，較彼深細更無餘，以欲過失不能障，意正無慧不可成。」又云：「於慧無勤心若執，彼見不成遍清淨。」其中王名稱者，謂無功德之王，雖偶一次而起名聞，隨即失也。以是之故，須生智慧，彼因亦於清淨之經典，與心之能力相稱而爲聽聞。《攝度論》云：「寡聞盲漢不知修，無聞彼當何所思，故當勤聞從彼因，如思以修廣生慧。」至尊慈氏亦云：「三輪諸分別，許彼所知障。慳等諸分別，許彼煩惱障。遠離彼諸障，除慧更無餘，勝慧聞爲本，是故聞爲勝。」《集學論》亦云：「應忍當求聞，次應住林藪，當精進等引。」前賢亦云：「須先聞諸法而銘於心，數數思惟籌量分別。若將法忘已，純一執心，則於修學無有助伴。故上修者由聞上，中修者聞亦中耳，有幾許修習，須如爾許了知法而漸次增大也。若如是思惟決定了知堅固者，於惡友說一切善不善意樂皆是分別，悉應斷棄者，則念法中未如是說，善知識亦不如是認許，便不隨彼口而轉矣！若無般若，僅有些微信心，見哭而哭，見笑而笑，猶如流水，任決東西，隨彼所說，認爲實在而隨轉耳！」修學慧時，具足六度者，自住慧已，安他於慧，是爲慧施，餘者如前。

丑二、學行四攝，成熟他有情。

學行四攝，成熟他有情：一、布施者。如前說波羅密多學處時所說。二、愛語者。於所化機，宣說諸波羅多。三、利行者，於如是宣說諸義，令其起行，或令正受。四、同事者。諸餘安立於何義利，而自住於彼，與彼相順修學也。《莊嚴經論》云：「施同示彼令受持，自亦隨行之諸義，是即許爲愛悅語，及爲利行并同事。」何故於四攝而決定耶，爲令徒眷於善修行，故於攝受中，首須令彼歡喜，此亦必待以財施已，於身饒益而後歡喜。如是喜已，爲令入道，先須令彼知如何行，故亦須以愛語而爲說法。由棄捨不知及疑惑已，爲令無倒受持義故。若如是知已，以利行而令受善。苟自不修於他教誡行止，須如是作者，彼即詰云：汝且未行，何故教他，汝今猶須爲他所教也，即不受教。若自修者，彼即念云：令我所行之善，彼自亦住彼行，若修此者，於我成就利益安樂，以是而新進修。諸已修者亦堅固不退。故於彼中須同事也。此是諸佛說爲成辦一切所化諸義利之微妙方便，故諸攝受徒眷者，須依於此。頌曰：「諸攝徒眷者，於此當善依，成辦諸義利，善方便極讚。」彼等於定動中，云何修習之法者？如阿底峽尊者云：「菩薩廣大行，六波羅密等，出定之瑜伽，堅修資糧道。」受菩薩戒之初業菩薩，住資糧道者，無論定動所作，不越六度，六度有於定中修，有於後得中修習，謂靜慮體奢摩他，及慧體毘婆舍那，於定中修。前三度。及靜慮般若之少分，於後得中修。精進者，通於定動之二。忍之一分，於甚深法決定思惟者，亦於定中修也。阿底峽尊者云：「於出定諸時，如幻等入喻，觀諸法而修，定後修分別。學方便為主。於諸等引時，止觀分平等，常應相續修。」如是希有難行，諸未修習，聞之心生憂惱者，當知諸菩薩，於最初亦未能受持，但由漸修為願求之境，後則不待努力，任運而轉，故於修習，最為切要。若見不能實行，即棄捨彼等淨心之修習，則於清淨之道極為遲緩。《無邊功德讚》云：「若有聞已亦於世間生損害，然汝自亦長時未能身受行，諸行以汝串習後時成任運，故諸功德若不修義難增長。」是故諸受菩薩戒者，無不學行之方便。諸未以儀軌受持行心者，亦當勵力修欲學心。若於所行增長勇悍而受律儀者，極為堅固，故應勉焉。已釋上士道次第中淨修願心及於菩薩行總修學之道次第竟。

略論卷五竟

菩提道次第略論卷第六

昂旺朗吉堪布口授
法尊法師譯

子二、別學後二度。分六。丑初、修止觀之勝利。丑二、明止觀能攝一切定。丑三、止觀自性。丑四、雙修之理由。丑五、次第決定。丑六、各別學法。

丑初、修止觀之勝利。

學後二度即修止觀，以止觀即後二度所攝故。《解深密經》說：「大小乘世出世間一切功德，皆是止觀之果。」問：止觀豈非修所成之功德？說一切功德皆是彼二之果，云何應理？曰：眞實止觀，如下所說是修所成之功德，非大小乘一切功德皆是彼果。今將緣善所緣心一境性以上之三摩地，皆收入止品，簡擇如所有性，或盡所有性之善慧，皆攝入觀品，故密意說三乘一切功德皆是止觀之果，亦不相違。又《解深密經》云：「衆生爲相縛，及爲粗重縛，要勤修止觀，爾乃得解脫。」言粗重者，謂最能增長顚倒心之習氣。相，謂貪著邪境，能長養前後習氣者。《慧度教授論》說：「前者是觀所斷，後者是止所斷。」此等是已有止觀名者之勝利，餘未說止觀名者，凡說是靜慮般若之勝利，當知皆是此二之勝利也。

丑二、明止觀能攝一切定。

《解深密經》說：「大小乘無邊三摩地，皆是止觀所攝。」故求三摩地者，不能廣求無邊差別，當善求三摩地總結之止觀修法也。

丑三、止觀自性。分二。寅初、奢摩他自性。寅二、毘鉢舍那自性。

寅初、奢摩他自性。

如《解深密經》云：「即於如是善思惟法，獨處空閑，內正安住，作意思惟，復即於此能思惟心內心相續作意思惟。如是正行多安住故，起身輕安及心輕安，是名奢摩他。」義謂令心不散，相續安住，故心能任運住於所緣，若時引生身心輕安之喜樂，此三摩地即成奢摩他。此由內攝其心，令不散亂，即能引生，不待通達諸法眞理也。

寅二、毘缽舍那自性。

《解深密經》云：「彼由獲得身心輕安爲所依故，捨離心相，即於如所善思惟法內三摩地所行影像，觀察勝解。即於如是勝三摩地所行影像，所知義中，能正思擇，最極思擇，周遍尋思，周遍伺察，若忍、若樂、若覺、若見、若觀，是名毘缽舍那。如是菩薩能善巧毘缽舍那。」正思擇，謂思擇盡所有性，最極思擇，謂思擇如所有性。尋思謂粗尋思，伺察謂細伺察。《寶雲經》云：奢摩他謂心一境性，毘缽舍那謂正觀察。彌勒菩薩云：應知寂止道，總集諸法名。應知妙觀道，思擇諸法義。又云：正住爲所依，爲令心住故，及善擇法故，是名爲止觀。此說依止正定，令心安住，爲奢摩他，善擇法慧，爲毘缽舍那。《菩薩地》中亦如是說。

《修次中篇》云：「止息外境散亂已，於內所緣恆任運轉，若時安住歡喜與輕安俱心，名奢摩他。若住奢摩他，思擇眞實，名毘鉢舍那。」《慧度教授論》中亦如是說。如《瑜伽論》及《慧度教授論》說，止觀各有緣如所有性與盡所有性二種，故止觀不由所緣而分。既有緣空性之奢摩他，亦有未達空性之毘鉢舍那。由能止心向外境轉令住內所緣，即名爲止。由增上觀照，故名勝觀。有謂心不分別而住，無明了力者名止，有明了力者名觀，此不應理，與前引經論皆相違故。又彼僅是三摩地有無沉沒之差別故。一切奢摩他之三摩地，皆須遠離沉沒，凡離沉沒之三摩地，內心定有明了分故。故是否緣空性之定慧，就要就彼心是否通達二無我性隨一而定。心未趣向眞實境者，亦有無量樂明不分別之三摩地故。即未得眞實見者，只要持心令不分別，現可成辦，故未達空性者，生無分別定，全不相違。若由此門久持其心，由持心力，生風堪能，身心法爾發生喜樂，故生喜樂，亦不相違。生喜樂已，由喜樂受明了之力，心亦明了。故不能安立一切樂明不分別定，皆是通達眞實義者。以是當知通達空性之三摩地，固有樂明不分別，即心未趣向空性之三摩地，亦多有樂明不分別者，故當善辨此二之差別也。

正住爲所依，（正住，即勝淨定，以清淨定爲所依。）心安住於心，（上心字，爲內心之心，次心字爲於所緣上一心安住不散之心。）及善思擇法，（即善思擇如所有盡所有性諸法。）應知是止觀。

丑四、雙修之理由。

何故隨修止觀一種不爲完足，必須雙修耶？曰：譬如夜間燃燈觀畫，要燈明亮無風吹動，方能明見諸像。若燈不明，或有風動，則必不能明見諸色。如是觀甚深義，亦須了解眞實義之無倒智慧，與心安住於所緣而不動，方能明見眞義。若但有心不散動之不分別定，而無通達眞理之慧，則於三摩地任何薰修，終必不能通達眞理。若僅有了解無我之見，而無心一境性之定，亦必不能明見眞理，故須雙修止觀。如《修次中篇》云：「唯觀離止，則瑜伽師心於境散亂，如風中燭，不堅穩住，不生明了智慧光明，故當雙修。」又云：「由止力故，如無風燭，諸分別風不能動心，由觀力故，能斷一切諸惡見網，不爲他破。」《月燈經》云：「由止力無動，由觀故如山。」故《正攝法經》曰：「由心住定，乃能如實了知眞實。」《修次初篇》云：「心動如水，無止爲依，不能安住，非等引心，不能如實了知眞實。故世尊說，由心住定，乃能如實了知眞實。」又成就奢摩他，非但能遮正觀無我慧動之過，即修無常、業果、生死過患、慈悲、菩提心等，凡以觀慧修觀察時，散失所緣之過，皆能遮止，各於所緣不散亂轉。故隨修何善，力皆強大。未得奢摩他前，多分散緣餘境，故所修善力極微弱。《入行論》云：「諸人心散亂，常被煩惱齧。」又云：「雖經長時修，念誦苦行等，佛說心散亂，所作無義利。」

丑五、次第決定。

《入行論》云：「當知具止觀，能斷諸煩惱，故應先求止。」此說當先修止，次依止修觀。若作是念，《修次初篇》云，此所緣無定。此說奢摩他所緣無定。前文亦說奢摩他所緣通法與法性，故可先了解無我義，緣彼而修，則心不散亂之止與緣空性之觀，同時生起，何必先求止，次乃修觀耶？曰：此言觀前先修止者，非說生無我見，須先修止，以無止者亦能生正見故。即生轉變心力之見，亦不須止爲先，以雖無止，但以觀慧數數觀察而修，亦能生轉變心力之感觸，不相違故。若相違者，則修無常、生死過患、菩提心等，引生轉變心力之感觸，亦應依止，理相等故。若爾，何爲觀前先修止耶？此言生觀者，是說未得修所成之異生。此除下說無上瑜伽部中以證空智修無我理之外，顯教與密教下三部，若未以觀慧觀無我義而修觀察，則定不生修所成之毘鉢舍那，故須修觀。若未成止之前，先求無我了解，數數觀察彼義者，由先未成止故，唯依觀修，不能成止。若不觀察而修安住，依此雖能成止，然除修止法外仍無修觀法，後更須求修觀之法，故仍不出先求止已，次依彼修觀之次第也。此派若不以觀修引生輕安建立爲生觀者，則說先求止已次依彼修觀，全無正理。若不作如是次第而修，亦極非理。《解深密經》說：「要依先得奢摩他而修毘鉢舍那。」論云依前而生後。說明六度中靜慮與般若之次第，即依增上定學引生增上慧學之次第，皆是先修奢摩他，後修毘鉢舍那。《中觀心論》、《入行論》、《修次三篇》、智稱論師、寂靜論師等，皆說先求止已後修觀故。雖有少數印度論師說不別求止，初以觀慧觀察，便能生觀，然相背諸大轍論教，非是智者所憑信處。此止觀次第，是約初生時說。後則亦可先修觀，後修止，次第無定也。

《集論》中說：「有先得觀未得止者，彼應依觀勤修寂止。」此義云何？曰：彼非未得第一靜慮未到定所攝之止，乃未得第一靜慮根本定以上之止。彼復是說證四諦後，依彼進修第一靜慮以上之止。如《本地分》云：「又以如實善知從苦至道，然未能得初靜慮等，於此無間住心，更不擇法，是依增上慧而修增上心。」

總爲便於言說故，說九住心通名爲止，思擇等四通名爲觀，然眞實止觀如下所說，要生輕安，乃能安立。

丑六、各別學法。分三。寅初、學止法。寅二、學觀法。寅三、雙運法。

寅初、學止法。分三。卯初、修止資糧。卯二、依彼修止。卯三、修已成止。

卯初、修止資糧。分六。

辰初、住隨順處。

成就五德之處：一、易得。謂無大劬勞得衣食等。二、善處。謂無猛獸等凶惡衆生及無怨敵等居住。三、善地。謂不引生疾病之地。四、善友。謂戒見相同之友。五、善相。謂日無多人夜靜聲寂。如《莊嚴經論》云：「具慧修行處，易得賢善處，善地及善友，瑜伽安樂具。」

辰二、少欲。

不貪衆多上妙衣服等事。

辰三、知足。

僅得微少粗敝衣等，常能知足。

辰四、離諸雜務。

若貿易等事，及太親近在家出家，或行醫藥、算星相等，皆當遠離。

辰五、尸羅清淨。

別解脫戒與菩薩戒性罪遮罪一切學處，俱不應犯，設放逸犯，當速追悔，如法懺除。

辰六、遠離貪欲等尋伺。

常思貪欲等，現法有殺縛等過犯，後法有墮惡趣等過患。或思凡生死事，隨愛非愛，皆是無常，有壞滅法，彼等不久決定與我分離，我復何爲貪著彼等。如是修習，斷除貪欲尋伺。《道炬論》云：「失壞止支分，雖力勵修行，縱經百千劫，終不得正定。」

故諸眞欲修止觀三摩地者，當勤集《聲聞地》所說十三種奢摩他資糧，極爲切要。

卯二、依彼修止。分二、辰初、加行。辰二、正行。

辰初、加行。

如前所說六加行法，及菩提心，當久修習。彼支分中，亦應淨修共下中士所緣體性。

辰二、正行。分二。巳初、身以何威儀而修。巳二、正釋修行次第。

巳初、身以何威儀而修。

如《修次論》說，於安樂坐具，身具八法而修。謂足全跏趺或半跏趺。眼注鼻端，不應太開太閉。身不可太俯太仰，應端身內含。肩要平衡。頭應從鼻至臍正直而住，不可過於低昂及偏一方。齒與唇部隨其自然而住，舌抵上齒。息之出入莫令有聲粗滑，必使徐徐出入無所感覺，無功用而轉。如是先應令身具足八法，尤應善爲調息也。

巳二、正釋修行次第。

《道次第論》多依《辨中邊論》所說，由八斷行斷五過失修奢摩他。善知識拉梭瓦所傳之教授，更於彼上加《聲聞地》所說之六力、四作意、九住心。慈尊於《莊嚴經論》與《辨中邊論》中，亦說九種住心方便，及八種斷行。印度智者如獅子賢論師、蓮花戒論師、寂靜論師等，亦多隨順此論著有修定次第。此等於密教中亦當了知，如五過失等修定之過失及除過之方便，顯教較密宗說之尤詳也。

午初、無過三摩地修法。午二、引生住心之次第。

午初、無過三摩地修法。分三。未初、心住所緣前應如何行。未二、心住所緣時應如何行。未三、心住所緣後應如何行。

未初、心住所緣前應如何行。

若不能滅除不樂修定，樂定障品之懈怠，初即不趣向修定，縱修一次，亦不能繼續，旋即退失，故滅除懈怠為首要，若得身心喜樂之輕安，則能晝夜勤修善行，無所厭倦，懈怠已滅，然引生輕安，必常精進修三摩地。引發精進，復須於三摩地常有猛利之欲。此欲之因，須由見三摩地之功德，引發堅固之信念，故當多思三摩地之功德，修習信念也。如《辨中邊論》云：「即所依能依，及所因能果。」所依謂欲，勤修依故。能依謂勤，或名精進。深信功德，是欲之因，輕安是精進之果。此中所修三摩地之功德，謂成就奢摩他已，身樂心喜現法樂住。由得身心輕安故，於善所緣心能隨願久住。由於邪境已息滅，散亂無主，故不生諸惡行，隨作何善，皆有強力。由此爲依，即能引生神通變化等功德。又由依彼，便能引生通達空性之毘缽舍那，速能斷除生死之根本等。由思何種功德能增修定之勇心，即當了知修習。若生此心，便能相續修定，定極易得。已得定者，若數數修，定則難失。

未二、心住所緣時應如何行。分二。

申初、明心住之所緣。申二、心於所緣如何住。

申初、又分二。酉初、總建立所緣。酉二、明此處之所緣。

酉初、又分三。戌初、正明所緣。戌二、何人應緣何境。戌三、所緣異門。

戌初、正明所緣。

世尊說有四種瑜伽所緣。初，周遍所緣有四，謂不分別與分別之二種所緣。如所有性盡所有性立事邊際性。由前二修法緣如所有性盡所有性而修，得轉依時，立所作成辦。二，淨行所緣有五，謂由前生中，多行貪欲、瞋恚、愚癡、我慢、尋思，其對治法，如其次第爲修不淨、慈悲、緣起、界別、出入息所緣。三、善巧所緣亦有五，謂善巧蘊、界處、十二緣起、處非處所緣。四、淨惑所緣有二，謂上下地之粗靜相與無常等四諦十六行相也。其中淨行所緣，易滅貪等增上行者之貪等煩惱，依此易得妙三摩地，故是殊勝所緣。善巧所緣，易破離彼諸法之人我，順生通達無我之毘缽舍那，故是賢善奢摩他所緣。淨惑所緣，能總對治煩惱，義利極大。周遍所緣，非離前所緣而別有，故當依止具殊勝義之奢摩他所緣修三摩地，若緣木石等修三摩地，顯是不知三摩地所緣之建立也。

戌二、明何人應緣何境。

若是貪欲增上，乃至尋思增上之人，則如《頡隸伐多問經》所說，如其次第當修不淨乃至出入息所緣，各別決定，若是等分行及薄塵行人，則於上說諸所緣中，隨何種即可於彼攝心，無須決定。其貪等五增上行者，謂往昔生中，於貪等五亦多修習，故於下品貪等五境，亦生長時貪等。等分行者，謂往昔生中，於貪等五不曾修習，然於彼等未見過患，故於彼境無有猛利長時貪等，然非不生。薄塵行者，謂往昔生中於貪等五，不曾修習，見彼過患，故於衆多上品可貪等境貪等徐起，於中下境則全不生。又貪等五增上行者要長時修，等分行者非極長時，薄塵行者速證心住。

酉二、明此處之所緣。

問：此處當依何種所緣修奢摩他耶？曰：總如前說諸人所緣各別決定，尋思增上行者修息，尤爲切要。又《修次》中下二篇，依於現在諸佛《現住三摩地經》與《三摩地王經》說緣佛身修三摩地，覺賢論師亦說，緣佛身修三摩地。如《道炬論釋》中所引緣佛身像持心，即隨念佛故，能生無邊福德，若彼佛身明顯堅固，可作禮敬、供養、發願等，修福懺罪之田，故緣彼最勝。又臨命終時，有不失念佛等功德。若修密宗，於本尊瑜伽尤爲殊勝。有如是等衆多利益也。如《三摩地王經》云：「佛身如金色，相好最端嚴，菩薩應於彼，住心修正定。」此復有新觀想者與於原有令重光顯之二法。後法易生信心，且順共乘，故當如彼修。先求持心之所緣境謂當覓一若畫若鑄工最精妙之大師像，數數瞻視，善取其相，令心中現，或由師長曉喻，思所聞義，令意中現，以此爲所緣境，然不應作繪鑄等像想，當令現爲眞實佛像。有說將佛像置於面前，用目注視而修者，智軍論師善爲破斥，極其應理，以三摩地非由根識而修，要由意識中修。故三摩地之親所緣境，即是意識親境，要於彼境攝持心故，及說是緣前述眞境之形像或總義故。又身像之粗細二分，有說先緣粗分，待彼堅固之後，再緣細分。自心亦覺粗分易於現起，故當先以粗分作所緣境。尤於眞奢摩他未修成之前，不可多換異類所緣。若多換異類所緣修三摩地，反成修止之最大障礙故。如聖勇論師云：「應於一所緣，堅固其意志，若轉多所緣，意爲煩惱擾。」《道炬論》亦云：「隨於一所緣，令意住善境。」如是初得攝心所緣之量，謂先漸觀想頭部、雙手、身軀、二足，令其明顯，次於身之總體作意思惟，若粗支分於心現起，縱無光明，亦應知足於彼持心。若不於彼知足持心，欲求明顯，更數觀想，縱使所緣略爲明顯，非但不得堅固妙三摩地，反成得定之障礙。又彼所緣，雖不甚顯，但於粗分持心，亦能速得妙三摩地。次令明顯，極易成故。此本智軍論師教授，極爲重要。又緣總身時，若身一分明顯，即緣彼分。若不明顯，仍緣總身。若欲修黃色，而現紅色等顏色不定，若欲修坐像，而現立像等形狀不定，或欲修一尊，而現二尊等數量不定，或欲修大像，而現小像等形量不定，則不可隨轉。唯應以根本所緣爲所緣境也。若修密咒、本尊瑜伽、本尊形相，必須明顯，相未顯時，以多方便修令顯現，此中佛像若太難現，可於前說隨一所緣，或於眞實見上攝持其心修三摩地，以此主要在修止故。

申二、心於所緣如何住。分三。酉初、立無過規。酉二、破有過規。酉三、時量。

酉初、立無過規。

此中所修之三摩地，要具二種殊勝，謂心具極明顯分之力，及具專注所緣之無分別住分。有於此上加安樂爲三者。有更加澄淨爲四者。然澄淨有二：一、能緣心之澄淨，較淨玻璃器中滿注淨水置日光下，尤爲澄淨。二、境之澄淨，如柱等境相細至極微似亦能數。此二皆由斷盡微細沉沒極明顯分之所引生，故離初分，不須別說。適悅行相之喜樂受，是此處所修三摩地之果德，初靜慮未到定所攝之三摩地中，猶不得生，故此不說。沉沒能障如是明顯，掉舉能障無分別住，故沉掉爲修清淨三摩地之最大障礙也。若不認識粗細沉掉及除沉掉修淨定法，尚不能生正奢摩他，況云毘缽舍那。故求三摩地之智者，應當善巧彼理也。沉掉是修止之違緣，正明違緣與破除之法，俱如後說。此唯當說修止順緣引生三摩地之理。此中之三摩地，謂心專住所緣之住分，復是相續住於所緣，此須令心專住所緣不散亂之方便，及散未散亂如實了知之二事。初即正念，次即正知。如《莊嚴經論釋》云：念與正知，是能安住。一、於所緣，令心不散。二、心已散能正了知，若失正念，忘失所緣，於此無間便失所緣，故不忘所緣之念爲根本。由此念故令心安住所緣之理，謂如前說觀慧所緣，若能現起，最低限度，即應令心用力攝持，使心策舉，不新觀察。如《集論》云：云何爲念，於串習事，心不忘爲相，不散爲業。此說念具三種差別：一、境之差別。謂未曾習境，念即不生，故云於串習事。此處即令現起先所決定之所緣境相。二、行相差別。謂心不忘，此處即不忘所緣境也。不忘之理，非因他問，或自觀察，僅能憶念師長所教之所緣如此，是要心住所緣，一類記念不少散亂，倘少散亂其念便失，故心住所緣後，當念如是已住所緣，將護此心勢力相續不斷，次即不復重新思察，是爲修念最重要處。三、作用差別。謂於所緣令心不散，如是謂心令住所緣如調象喻，謂如一牢樹或柱，用多堅索繫縛野象，若依象師所教而作者善。若不依作，即用利鉤數數治罰而令調伏。心如未調之象，用正念索，繫於前說之所緣堅柱。若不安住者，當以正知鉤擊，漸得自在。如《中觀心論》云：「意象不正行，於所緣堅柱，當以念索縛，慧鉤漸調伏。」《修次中篇》亦云：「以念知索，於所緣柱，繫意狂象。」此說以念修三摩地。又說正念如索，能於所緣相續繫心。故三摩地之主要修法，即修正念法。正念，即是堅定行相之心。故修三摩地者，若無堅定行相明了之定解力，心縱明淨，不能引生有力之正念，不能滅除細微沉沒，其三摩地必有過失。即不緣佛像等其他所緣，唯修不分別心，亦必念云：心當於境全不分別，次即令心不流不散。令心不散，與不忘所緣之正念義同。故仍未出修念之法。如是修者，亦是修有定解力之念也。

酉二、破有過規。

有如是邪執，是所應破，謂如上說策舉其心不分別住，此雖無沉沒，然掉舉增上，現見不能相續久住。若心弛緩，現在住心速能生起，是善方便，故說舒緩即是善修也。此是未能分辨生沉與善修之差別，故無過之三摩地，須具前說二種殊勝，非爲令心無分別一分而足。若謂令心於境惛昧可名爲沉，令心明淨無彼惛昧，故三摩地無有過失。此是未辨惛沉與沉沒之差別，後當廣說。以是當知，若太策舉，雖能明了，然掉舉增上，難生住分。若太舒緩，雖有住分，然沉沒增上，又不明了。由緩急適中之界限極爲難得，故難引生俱離沉掉之妙三摩地。如大德月云：「若精進修生掉舉，若捨精進復退沒，此等轉界極難得，我心擾亂云何修。」又云：「若力勵行起掉舉，若緩策勵復退沒，此之中道極難得，我心擾亂云何修。」此說力勵精進便生掉舉，若見彼過，棄捨精進，放緩策勵，心復退沒，其離沉掉二邊，中道平等運轉之心，極爲難得。若緩即可，復有何難。既說緩生沉沒，故以此法修三摩地不應道理。又緩急適中之界限，當自觀內心，若覺過此而警策便生掉舉者，即當略舒緩。若覺較此再緩便生沉沒者，即當稍警策。如無著菩薩云：「於內住等住中，有力勵運轉作意。」此是於初二心時所說。《修次初篇》亦云：「除沉沒者，當堅持所緣。」若不知前說修念法而盲修者，修時愈久，忘念愈重，擇法之慧，日亦遲鈍，當有此等衆過發生也。若以正念繫心住所緣已，可否分別偵察內心持不持所緣耶？《修次中篇》說必須偵察。復非放棄三摩地後如是偵察，是住三摩地中觀其住否根本所緣？若不住者觀爲沉爲掉。復非纔住定或時太久乃偵察，要於中間時間偵察也。若前心力猶未盡即作此偵察者，能生心力長時安住，設有沉掉，速能了知。如是能於中間時時憶念所緣而修者，亦須具備有力相續正念之因。故《聲聞地》中說修念法，《辨中邊論釋》云：「言念不能忘境者，謂不忘住心教授意言。」修念，是爲遮止忘所緣之散亂。故不忘所緣，即數數作意所緣，名所緣意言，如恐忘失已知之義，數數憶念，即不易忘失也。

酉三、時量。（明所修量）

由念繫心安住所緣，應住幾久，有無定量。答：《聲聞地》等大論中，未見明說時量，雖《修次下篇》云，由是次第，或於一時，或半修時，或一修時，隨力而住。此是成就奢摩他已，於修觀時所說時量。則前修止時量亦應爾。又若能如前說修念知之法，時憶念所緣，時時偵察內心，則時間稍久，亦無過失。然初發業者，若時長久多生忘念，起散亂心，心生沉掉，時久方知，不能速知。即未忘念，亦易隨逐沉掉而轉，沉掉生已，不能速知也。前者障礙有力記念，後者障礙有力正知，是則沉掉極難斷除。其忘失所緣起沉掉而不覺知，較未忘失所緣起沉掉而不知者，過為尤重。故為對治忘念，修前所說之護念法，最為重要。若忘念重易於散亂，及正知力弱，沉掉生起不能速知者，修時宜短，若少忘念，及沉掉起速能了知者，時間稍長亦無過失。故密意說云：「或於一時」等，未說決定時間。總應隨順自心能力，故曰：「隨力而住」也。又若身心未生病患即可安住，若生病患，不可勉力安住，當先治療諸界病患再修，是諸智者所許。當知此亦是修時之支分也。

未三、心住所緣後應如何行。分二。申初、有沉掉時應如何修。申二、離沉掉時應如何修。

申初、又分二。酉初、明不知沉掉之對治。酉二、明已知不勤斷之對治。

酉初、又分二。戌初、抉擇沉掉之相。戌二、於修行時生覺沉掉之正知。

戌初、抉擇沉掉之相。

掉舉，如《集論》云：「云何掉舉？淨相隨轉，貪分所攝，心不靜相，障止爲業。」此中有三：一、所緣。謂可愛淨境。二、行相。謂心不寂靜，向外流散，是貪分中愛著境相。三、作用。謂能障心安住所緣，即心安住內所緣時，由貪著色聲等之掉舉牽引內心，於境散亂而無自在。如《悔讚》云：「如緣奢摩他，令心於彼住，惑索令離彼，貪繩牽趣境。」沉沒，亦云退沒。有謂住境不散心不明澄之惛沉，爲沉沒者，實不應理。《修次中篇》與《解深密經》說，從惛沉生沉沒故。《集論》亦說，沉沒爲隨煩惱中之散亂。但《集論》所說之散亂，亦通善性，非決定染污。

惛沉，如《集論》與《俱舍》說，是癡分攝，身心粗重，無堪能性。沉沒，謂心於所緣執持力緩，不能明了取所緣境，故心縱澄淨，若取所緣不甚明了，即是沉沒。如《修次中篇》云：若時如盲，或如有人趣入暗室，或如閉目，其心不能明見所緣，應知爾時已成沉沒。餘大論中，未見明說沉沒之相。故沉沒有善與無記之二。惛沉則屬不善及有覆無記，唯是癡分。諸大論中，說除沉沒，修佛像等諸可愛境及光明相，令心策舉。故心不明了如入黑暗，及心力低劣，皆當滅除，要使所緣明顯與心力開張也。掉舉易知，唯沉沒相，諸大經論皆未明說，故難了解。然極重要，以易於此誤爲無過三摩地故。應照《修次論》所說，於修驗上審詳觀察，而求認識也。

戌二、於修行時生覺沉掉之正知。

唯能了知沉掉，猶非完足，要修行時生未生沉掉而有如實能知之正知。復當漸生有力正知，沉掉起已，無間能知，固不待言，即未生而將生者，亦須正知預爲覺了。如《修次後二篇》云：「見心沉沒，或恐沉沒。」又云：「見心掉舉，或恐掉舉。」即是此義。若未能生如是正知，縱自斷言，始從某時，終至某時，全無沉掉，所修無過，亦不定然，以發生沉掉亦不盡能知故，未生有力之正知故。如《辨中邊論》云：「覺沉掉。」覺了沉掉要正知故。若未能生凡沉掉起決定了知之正知，縱長時修，沉掉生已不能了知，徒以微細沉掉虛度時日。若爾，云何生正知耶？曰：前修念法，即修正知一重要因。謂若能生相續正念，即能遮止忘失所緣之散亂，亦能遮止沉掉生已久而不知，故沉掉起易於覺了。又覺已失念時之沉掉與覺未失念時之沉掉，二時遲速（久暫），自觀內心極爲明顯。故《入行論》密意說：「若時住正念，守護於意門，爾時生正知。」《辨中邊論疏》亦說，念爲正知之因。其另一因，謂心緣佛像等境，或緣領受明了等心相時，住前說之念中，偵察內心散未散亂，攝持其心。此是修習正知最切要處。《入行論》云：「數數審觀察，身心諸分位，當知彼即是，守護正知相。」由此能引（生）沉掉將生便預了知之正知。前修念法，能遮散後所起之忘念，故當善分別。

酉二、明知已不勤斷之對治。

若如前說修念正知，已善修習，生起有力正念，而微細沉掉皆能以正知覺了，則無沉掉生已不知之過。若彼生已不起功用無間滅除，忍受不斷，是三摩地最大過失。對治此者，當修功用作行之思。此中有二：戌一、明思而滅除沉掉之法。戌二、示依何生沉掉之因。

戌初、明思而滅除沉掉之法。

如《集論》云：「云何爲思？令心造作意業，於善不善無記役心爲業。」此義如磁石力，吸鐵隨轉。其於善不善無記三法，令心轉動之心所，即是思心。此中是取掉舉生時，令心造作，斷彼之思也。若爾，如何斷沉掉耶？曰：心沉沒，是由太向內攝，失能緣力，故當作意諸可欣事，如觀佛像等，令心開放。然非引生煩惱之可欣法，復可作意日光等明相。沈沒除已，即應無間緊持所緣。此如《修次初篇》中說：此不應修可厭患境，由厭令心向內攝故。又以觀慧思擇樂觀之境，亦能滅除沉沒。如《攝波羅密多論》云：「由勤修觀力，退沒能策舉。」如是沉沒與退沒者，若取所緣力漸低降，名曰沉沒。若太內攝，則名退沒（退弱）。由心策舉及開張所緣，便能滅除，如《中觀心論》云：「退沒應寬廣，修廣大所緣。」又云：「退沒應策舉，觀精進功德。」滅除沉沒，最主要之對治，謂思惟三寶，菩提心，與暇身義大等功德，令心警覺，如冷水澆面。此要以慧觀修功德品有所感者，乃能生起。沉沒所依之因，謂惛沉、睡眠、及引生惛睡之心黑闇相。若修明相對治，則不依彼發生沉沒，生已滅除。《聲聞地》說：威儀依經行，善取明相，數數修習，念佛法僧戒捨及天六中隨一，或思其餘清淨所緣，令心策舉，或當讀誦開示惛沉睡眠過失之經論，或瞻方所及月星等，或以冷水洗面。若沉沒微薄，或僅少起，則當策心正修。若沉沒濃厚或數數起，則應暫停所修，如其所應修諸對治。待沉滅已，後乃重修。若心取所緣相不明顯，心黑闇相，隨其厚薄，當取燈光火光及日光等諸光明相，數數修習，令心生起大光明相。掉舉，謂由貪門，令心追逐色聲等境。此應作意內攝心因諸可厭事，掉舉滅已，應修等至。（以此息滅掉舉無間，於先所緣，應住其心。）如《中觀心論》云：「作意無常等，息滅掉舉心。」又云：「觀散相過患，收攝散亂心。」若掉舉猛利，或時長久，應緩所修，而修厭離，方為切要。非心散時，略為攝心，便能安住。若彼掉舉不甚猛利，則隨散時，收攝內心，令住所緣。《攝波羅密多論》云：「若意掉舉時，修止而遮止。」心掉舉時，不作意可欣淨境，以是令心向外流散之因故。

戍二、明生沉掉之因。

沉掉之共因，謂不守護根門，食不知量，初夜後夜，不勤修行覺寤加行，不正知住。沉沒之因，謂耽著睡眠，心取所緣過於舒緩，止觀不平，偏修於止，內心惛闇，於所緣境，不樂緣慮。掉舉之因，謂無厭離心，心於所緣過於執著，未善修舉（未串習精進），由尋思親里等，動亂其心。以是當知，沉掉雖微，皆當以正知覺了，畢竟滅除。若以微細掉舉及散亂等，初時難斷，捨而不斷，或覺彼等既不猛利，不恆相續，勢劣短促，不能造業，故不須斷，此是未知修習清淨三摩地法，已出慈尊等所決擇修三摩地法之外。故心掉散時，先當攝心住內所緣，求安住分。住分生時，當防沉沒，令心明了。此二輾轉修習無過妙三摩地，不應唯於澄淨住分全無持力，俱行明了而起希求。

申二、沉掉離時應如何修。

若如前說微細沉掉皆悉斷除，則無沉掉令心不平等。心平等轉時，若復起功用作行，即成三摩地之過失。對治此過，則當修捨。起功用作行反成過失之理，謂由久修掉則攝心，沉則策舉，已得堪能於適當時全無沉掉，若仍如前起大功力防沉防掉，則令內心反生散亂，故於爾時須知舒緩。此是舒緩防慎功力，非全放捨持境之力也。故修捨者，是在摧伏沉掉之後，非凡不起沉掉之時，以未催伏沉掉必無捨故。若爾云何名捨？曰，捨有三種：一、捨受。二、捨無量。三、行捨。此是後者。此捨體性，如《聲聞地》說，於止觀品調柔、正住、任運轉性、有堪能性。得此捨後修三摩地，沉掉未起之時，令捨現前，不發太過精進。此等如《辨中邊論》云：「依住堪能性，能成一切義，由滅五過失，勤修八斷行。懈怠忘聖言，及沉沒掉舉，不作行作行，是爲五過失。修所依能依，及所因能果，不忘失所緣，覺了沉與掉，爲斷而作行，滅時正直轉。」依住，謂爲除障品發勤精進，依此而生心堪能性勝三摩地。此即能成神通等，一切義利之依處，故曰能成一切義。此三摩地要滅五種過失，勤修八種斷行，乃能發生。五過失者，謂加行時懈怠爲過失，於三摩地不加行故。勤修三摩地時，忘失教授爲過失，以忘失所緣，心無所緣可安住故。正住定時沉掉爲過失，彼二令心無堪能故。沉掉生時不作功用爲過失，由彼不能滅除沉掉故，斷沉掉時，作行思反爲過失也。沉掉合一爲五過失，分別成六過失，對治彼等謂八斷行。對治懈怠有四，謂信、欲、勤、安。對治忘念、掉舉、不作行、作行者，如其次第，即念、正知、作行、正住捨，廣如前說。此是以念正知，遠離沉掉，修心一境性妙三摩地之共同教授，不可執此爲顯教別法，密宗不須，以無上瑜伽續中亦多宣說故。

午二、引生住心之次第。分三。未初、正生住心次第。未二、六力成辦住心。未三、具足四種作意。

未初、正生住心次第。

初有九住心：一、內住心。謂於一切外境攝心令住內境。如《莊嚴經論》云：「心住內所緣。」二、續住心。謂前住心令不散亂，於內所緣相續安住。如前論云：「相續令不散。」三、安住心。謂由忘念向外散亂，速當了知，還令安住前所緣境。如云：「散亂速了知，還安住所緣。」四、近住心。《般若教授論》說：於廣大境數數攝心，令心漸細，上上而住。與《莊嚴經論》義同，如云：「具慧上上轉，於內攝其心。」五、調伏心。謂由思惟三摩地功德，令於正定心生欣喜。如云：「次見功德故，心於定調伏。」六、寂靜心。謂觀散亂過失，於三摩地寂滅不喜之心。如云：「由見散亂過，於定滅不喜。」七、最寂靜心。謂貪欲、憂慼、惛沉、睡眠等，生時寂滅令息。如云：「貪憂等心起，應如是寂滅。」八、專注一趣。謂得任運轉故，精進修習。如云：「次勤律儀者，由心有作行，能得任運轉。」九、等持心。《修次論》說，心等住時，應當修捨。《般若教授》說：由修專注一趣故，能得自在任運而轉。《莊嚴經論》云：「由修習不行。」此九心之名，是如《修次初編》所引。如云：「此奢摩他道是般若波羅密多等說。」

末二、六力成辦住心。

力有六種，謂聽聞、思惟、憶念、正知、精進、串習力。由此成辦住心之理，謂由聽聞力成辦內住心，從他聽聞住心教授，初於所緣安住其心，非自數數思惟修習故。由思惟力成辦續住心，前於所緣安住之心，由自數數思惟修習，初得少分相續住故。由憶念力成辦安住近住二心，散失所緣時，憶先所緣收攝其心及起念力，初即不令散失所緣故。由正知力成辦調伏寂靜二心，謂以正知力了知於諸惡，尋思及隨煩惱相流散之過患。觀彼過患，令於彼二不流散故。由精進力成辦最極寂靜專注一趣二心，謂於微細尋思與隨煩惱皆不忍受，精進斷除。由如是行，其沉掉等不能障礙妙三摩地，令三摩地相續生故。由串習力成辦等持心，謂由善修前諸位心之力，便能引生無功用轉三摩地故。此依《聲聞地》意趣而說，若作餘說不可憑信。其中得第九住心者，喻如讀書至極熟時，初發心誦起，中間縱心散亂，然所讀書任運不斷。如是初起一念令心安住所緣，次縱未能相續，依止念知，然所修定亦能相續不斷，經極長時。由此不須相續依止念知之功用，故名不作行，或無功用也。引生此心，要先起大功用相續依止正念正知，引生一種妙三摩地，能住長時，不為沉掉等障品之所間斷也，此即第八住心。此與第九住心，雖同不為沉掉等三摩地障品之所間斷，然此須相續依止正念正知，故名有作行或有功用也。引生此心要於微細沉掉等法纔生即滅全不忍受，故須第七住心，引生此心，要於諸惡尋思及隨煩惱了知散亂之過患，發起有力正知，偵察內心，令不於彼流散，故須第五第六住心，以此二心是由正知力所成辦故。引生此心，要忘失所緣散亂之時，能速憶念所緣，及從最初即起正念，令不散亂，故須第三第四住心，以此二心，是由彼二種念所成辦故。引生此心，要於所緣先能住心，及令住心相續不散，故須先生初二住心也。如是總謂先當隨從所聞教授，善念心住。次如所住數數思惟，令稍相續。次若失念起散亂時，當速攝心速憶所緣。次更當生有力念心，初於所緣便不令散。成就有力念已，更當引發有力正知，了知散失所緣沉掉等過患，偵察不散。次當發精進力，設由微細忘念起散亂時，亦當無間了知斷除。斷已，使定漸長相續，不爲障品之所間斷。此心生已，由勤修故，便成串習，即得第九住心無功用，轉妙三摩地。以是當知，未得第九住心之前，諸瑜伽師要起功用令心安住妙三摩地。

既得第九住心之後，即不特起功用令心住定，心亦自然入三摩地。得此第九住心，若未得輕安，則如後說仍不立為得奢摩他，況云證得毘缽舍那。

未三、具足四作意。

如《聲聞地》說：九住心中具足四種作意，謂初二心時，須勤策勵，故有力勵運轉作意。次五心時，由有沉掉間斷不能長時修定，故有有間缺運轉作意。第八心時，由沉掉等不能間斷能長時修，故有無間缺運轉作意。第九心時，既無間斷，又不須恆依功用，故有無功用運轉作用。若爾初二心時亦有間缺，中間五心時亦須策勵，云何初二心時，不說有間缺運轉作意，中間五心時不說力勵運轉作意耶？曰：初二心時，心入定與不入定二者之中，不入定時極長。中間五心，則住定時長。故後者就三摩地障礙立名，前者不爾。故彼二時，雖俱須力勵運轉，然有間缺運轉作意有無不同，故中間五心不名力勵運轉作意。如《攝波羅密多論》云：

「由無間瑜伽，精勤修靜慮，若數數休息，鑽木不出火，修瑜伽亦然，未得定勿捨。」

卯三、修已成止。分三。辰初、明奢摩他成未成之界限。辰二、明依奢摩他趣總道。辰三、明別趣世間道。

辰初、明奢摩他成未成之界限。分二。巳初、顯示正義。巳二、明有作意相及斷疑。

巳初、顯示正義。分二。午初、明得未得圓滿輕安即得未得奢摩他。午二、明得圓滿輕安即得奢摩他。

午初、明得未得圓滿輕安即得未得奢摩他。

若得前說第九住心，盡離微細沉掉，能長時修，復不須恆依念知，起大功用，而三摩地能任運轉，是否已得奢摩他耶？曰：得此三摩地者，有得未得輕安之二種，若未得輕安，是隨順奢摩他，非眞奢摩他。如《解深密經》云：「世尊，若諸菩薩緣心爲境內思惟心，乃至未得身心輕安，於此中間所有作意，當名何等？慈氏，非奢摩他，是名隨順奢摩他勝解相應作意。」《莊嚴經論》亦云：

「由習無作行，次獲得圓滿，身心妙輕安，名爲有作意。」其有作意，即是此中所說之奢摩他。《修次中篇》亦云：「如是修習奢摩他者，若時生起身心輕安，心於所緣如欲自在，當知爾時成就正奢摩他。」《般若教授論》亦云：「如是菩薩獨處空閒，如所思義作意思惟，於心所現，捨離意言，多次思惟，若時未生身心輕安，是奢摩他隨順作意。若時生起，即奢摩他。」若爾，未生輕安以前之三摩地，爲何地攝耶？曰：欲地所攝。雖有如是心一境性，然《本地分》說是非等引地，而不立爲等引地攝，以非無悔、歡喜、妙樂、輕安之所引故。如是未得輕安之前，雖三摩地不須相續依止正念，亦能任運無分別轉，復能融合行住坐臥一切威儀，然是欲界心一境性，非奢摩他。

午二、明得圓滿輕安即成就奢摩他。

若爾，云何能得輕安，得輕安已？云何成就奢摩他？曰，輕安如《集論》云：「云何輕安？謂止息身心粗重，身心堪能性，遣除一切障礙爲業。」身心粗重，謂於善事身心不能隨欲而轉。此之對治，身心輕安，謂由遠離身心粗重，於諸善事，身心極有堪能力也。又煩惱品攝內身粗重，能障樂斷煩惱。若勤功用斷煩惱時，已離身沉重等不堪能性，得身輕利，是身堪能。如是煩惱品攝內心粗重，能障樂斷煩惱，若勤功用斷煩惱時，內心樂緣善境，離不堪能，心於所緣無障礙轉，名心堪能。如安慧論師云：「身堪能者，謂於身所事生起輕利。心堪能者，謂正思惟時，令心適悅輕利之心所法，由此相應，能於所緣無障礙轉，故名心堪能性。」總之，若得輕安，則起功用，欲斷煩惱時，如行難行身心怯懼之無堪能性皆悉除滅，身心成就極調柔性，隨欲而轉。如斯圓滿身心堪能，初得定時即獲少分，次漸增盛，最後轉成輕安與心一境性之奢摩他。又《聲聞地》說：初時微細，難以覺了，後乃易知。將發如是衆相圓滿易可了知輕安之前相，謂勤修三摩地之補特伽羅，便覺頂上似有重相，然非損惱重相。此生無間，即便遠離能障樂斷煩惱之心粗重性，能對治品心輕安性即得生起。如《聲聞地》云：「若於爾時不久當起強盛易了心一境性心身輕安所有前相，於其頂上似重而起，非損惱相。此起無間，能得樂斷諸煩惱品心粗重性，皆得滅除，能對治彼心調柔性，心輕安性，皆得生起。」由心調柔心輕安性生起之力爲所依止，有能引發身輕安風來入身中。由此風大遍全身轉，身粗重性皆得遠離，能對治品身輕安性即得生起。又此調柔風力周遍全身，狀如滿溢。如《聲聞地》云：「由此生故，有能隨順起身輕安諸風大種來入身中，由此大種於身轉時，能障樂斷諸煩惱品身粗重性，皆得遣除。能對治彼身輕安性，遍滿身中，狀如充溢。」此身輕安，是內身中極悅意觸，非心所法。如安慧論師云：「當知歡喜所攝內身妙觸，名身輕安。經說，意歡喜時身輕安故。」如是身輕安初起之時，由風勢力，令身生起極大快樂。由此爲依，心中亦生最妙歡喜。其後輕安初起之勢，漸趣微細，然非輕安一切都盡，是由初分太動其心，彼勢退已，有妙輕安無諸散動，如影隨形，與三摩地隨順而轉。心踴躍性亦漸退滅，心於所緣獲堅固住。由離喜動不寂靜性，即是獲得正奢摩他。如《聲聞地》云：「彼初起時，令心踴躍，令心悅豫，歡喜俱行令心喜豫，歡喜俱行令心喜樂，所緣境界於心中現。從此已後，彼初所起輕安勢力漸漸舒緩，有妙輕安隨身而轉心，踴躍性漸漸退減，由奢摩他所攝心故，以於所緣寂靜行轉。」《聲聞地》說：要生如是輕安，始名有作意，由得第一靜慮近分所攝正奢摩他，乃得定地所攝小分作意。

巳二、明有作意相及斷疑。分二。午初、正明有作意相。午二、斷疑。

午初、正明有作意相。

具何相狀，能令自他了知已得作意？《聲聞地》說：由得如是作意，則得色地所攝少分定心，身心輕安，心一境性，有力能修初靜慮道，或諦相道淨治煩惱，內暫持心，身心輕安疾得生起，欲等五蓋多不現行，從定起時，亦有少分身心輕安隨順而轉。由得具足如是相狀之作意，奢摩他道極易清淨，謂住心一境性奢摩他後，速能引生身心輕安故，輕安轉增，如彼輕安增長之量，正奢摩他亦轉增長，故彼二法輾轉相增。如《聲聞地》廣說。總之，心堪能者，風亦堪能，爾時便生身妙輕安，由此生故，內心即起勝三摩地。復由此故，風轉調柔，故能引生身心輕安。又如《聲聞地》云：「由於最初背一切相，無亂安住，故名不念作意。」此說初修心一境性時，當全不起餘念及餘作意。如是修已，《聲聞地》又云：「又汝於此亂不亂相，如是如是審諦了知，便能安住一所緣境，亦能安住內心寂止，諸心相續，諸心流注，前後一味，無相無分別寂靜而轉。又若汝心雖得寂止，由失念故，及由串習諸相，尋思、隨煩惱等諸過失故，如鏡中面，所緣影相數現在前，隨所生起，即於其中當更修習不念作意。謂先所見諸過患相增上力故，即於如是所緣境相，由所修習不念作意，除遣散滅，當令畢竟不現在前。賢首當知，如是所緣甚爲微細，難可通達，汝當發起猛利欲樂，爲求通達發勤精進。」此說三摩地生起之相，「寂靜而轉。」以上謂由如前修習無相等三漸次而生。次至「增上力故」是說雖已得寂止，然由不多修習等過，心中仍有相等現起，則當憶念心隨彼轉之過患，務令內心不隨彼轉，都不思惟而安住也。次至「不現在前」謂由如是修習全不思惟之力，相等三法隨何現起，皆不顧視，是則彼三（自然息滅），更不現起，故心不爲彼等所奪。餘文謂此奢摩他甚爲微細，即彼解釋亦難可通達。其中諸相，謂色等五境與三毒男女共爲十相。無相之理，謂最初時，色等境相種種亂現，現起無間自息自滅，最後住定時，則色聲等相全不現起，唯現內心明了安樂之相。無尋思之理，謂由如前住不念作意，隨起何種尋思，如水中泡不能久住，自然消滅。次更如前修習，則內領納了別安樂等相，不待破除，不堪觀察，起已無間自然脫落，安樂等相轉更微細。爾時安住定中，內身等相全不現起覺心與空都無分別。從定起時，則覺身等忽似新生。至後得位，縱起貪等煩惱尋思，然與前不同，勢力微弱，不能久續。此等諸位，即「寂靜而轉」之位。內心明了，覺屋柱室壁之極微，都能計數。住分濃厚，即睡眠時亦覺與定融和，如未得定前之睡眠不復現起，復見許多清淨夢相。

午十一、斷疑。

若得如前所說之三摩地，於五道中立爲何道。曰，前說之定，若是無倒了解無我，住彼見上，所修之定，則可立爲異生位之順解脫道。若非爾者，如《聲聞地》說：即修第一靜慮根本定，觀粗靜相之諸世間道，皆須依止此定而修。外道仙人以世間道離無所有地以下貪者，亦依此定而修上道，故此是內外道所共之定。又若由無倒通達之無我見，及由善見三有過患，厭背生死，希求涅槃之出離心所攝持者，是解脫道。若由菩提心所攝持者，亦成大乘道。如以一握食布施畜生，及護一戒，若有彼心攝持，如其次第，亦成解脫道與一切種智之資糧道。然今非觀察由餘道攝持，以成不成解脫道與一切種智道，是觀彼定由自性門爲成何道也。以是有於修習無念及不作意，名爲心不造作及無執著之樂明無分別者，其中猶有是否住眞實義修空性之二類，當善分別，最爲切要。以未通達眞實義者，亦易誤爲通達，誤處極大故。若未能如前分別，則於內外所共之三摩地，亦可誤爲無上瑜伽圓滿次第最主要者，故當觀察也。

辰二、明依奢摩他趣總道。

若得前說無分別三摩地作意，唯當修此明了無別等殊勝功德之無分別定耶？曰：引發如斯三摩地者，是爲引生能斷煩惱之毘鉢舍那。若不依此引生毘鉢舍那，則於此定任何修習，尚不能斷欲界煩惱，況能盡斷一切煩惱，故應進修毘鉢舍那。此復有二，謂以世間道暫伏煩惱現行之毘鉢舍那，與以出世道永斷煩惱種子之毘鉢舍那。前者謂觀下地粗相上地靜相之粗靜行相，後者謂觀無常等四諦十六行相，此如《聲聞地》說：其主要者，謂通達人無我之正見。如是外道粗靜相道暫伏煩惱現行，或佛弟子修無我義，永斷煩惱根本，皆須以前所說正奢摩他，爲伏斷煩惱之所依。大小二乘諸瑜伽師，亦皆須修此定。於大乘中，顯密諸瑜伽師，亦皆須修此定。故此奢摩他，實是一切瑜伽師修道之最要基礎。又二種毘鉢舍那中，前者於佛弟子非不可少，後通達無我之毘鉢舍那，則是必不可少者。若得前說第一靜慮近分所攝之奢摩他，縱未得以上靜慮無色之奢摩他，然依彼止修毘鉢舍那，亦能脫離生死繫縛而得解脫。若未通達無我眞實，未修彼義，僅由前說正奢摩他及依彼止修習世間毘鉢舍那，斷無所有以下一切煩惱現行，得有頂心，然終不能解脫生死。如《讚應讚》云：「未入佛正法，癡盲諸衆生，縱上至有頂，仍受三有苦。若隨佛教行，縱未得本定，魔眼雖監視，亦能斷三有。」故無上瑜伽部諸瑜伽師，雖不必生緣盡所有性粗靜行相毘鉢舍那，及由彼所成就之止，然須生一正奢摩他。初生之界，謂生起次第時也。

辰二、明別趣世間道。

《聲聞地》說：從得第九住心，乃至未得作意，是名作意初修業者，從得作意，欲淨煩惱，修習了相作意，是名淨煩惱初修業者。若未善解《聲聞地》中所說之義，便覺靜慮與無色，最低之道，爲初靜慮之近分。彼中說有六種作意，初是了相作意，故誤解謂，初生近分所攝之心，即是了相作意也。若如是計，極不應理，以未得奢摩他者，必不能生第一靜慮之近分。未得近分，亦必不得奢摩他故。了相作意，是觀察修，若先未得正奢摩他，修彼不能新得奢摩他故。以是當知第一近分六作意之初者，是修近分所攝毘缽舍那之首，非是第一近分之最初。彼前尚須有近分所攝之奢摩他故。未得第一近分所攝之三摩地前，所有一切妙三摩地，皆是欲界心一境性。若照大論所說觀之得三摩地者，亦極少數。此中由修近分六種作意，離欲之理，恐繁不述。

寅二、學觀法。分四。卯初、修觀資糧。卯二、觀之差別。卯三、修觀之法。卯四、成觀之量。

卯初、修觀資糧。分二。辰初、總明修觀資糧。辰二、別明抉擇正見。

辰初、總明修觀資糧。

《修次中篇》說：依止善士，求聞正法，如理思惟，是毘缽舍那三種資糧。尤以親近無倒了達佛經宗要之智者，聽聞無垢經論，以聞思慧引發通達眞實之正見，爲毘缽舍那不可少之資糧，以無了解眞實義之正見，必不能生通達如所有性之毘缽舍那故。又此正見要依了義經尋求，非依不了義經。故當先知了義不了義之差別，而通達了義經義。又若不依堪爲定量大論師解釋密意之論，則如生盲無引導者而往險處。故當依止無倒釋論。要依何論耶？曰，如佛世尊於無量經續中，明記龍猛菩薩能離有無二邊解釋佛經甚深心要，當依彼論而求通達空性之正見。

提婆菩薩爲諸大中觀師如佛護、清辨、月稱、靜命等共依爲量，視同龍猛，故彼師徒，是餘中觀師之根源。西藏先覺稱彼二師爲根本中觀師，稱餘爲隨學中觀師。又有先覺說：就安立世俗之理，中觀師可分二派，謂於名言中許有外境者，名經部行中觀師。於名言中不許外境者，名瑜伽行中觀師。就許勝義之理，亦可分二派，許苗等有法與無實相和集爲勝義諦者，名理成如幻。許於現境斷絕戲論爲勝義諦者，名極無所住。又說：此二之前者，爲靜命論師與蓮花戒論師等。其如幻與極無所住之名，印度亦有許者。

然俄大譯師評就勝義所立二派，爲使愚者生希有之建立耳！智軍論師則說：龍猛師徒所造之《中觀論》中，未明顯說有無外境。後清辨論師破唯識宗，於名言中立有外境。次有靜命論師依瑜伽行教，於名言中說無外境，於勝義中說心無性之中觀理。故中觀宗遂成二派，前者名經部行中觀師，後者瑜伽行中觀師。造論之次序現見實爾！然月稱論師於名言中雖許外境，然與他宗全不相符，既不可說名經部行，亦不可說順婆沙行。西藏後宏法之智者，於中觀宗立隨應破與自立因二名，與《顯句論》極相契也。以是當知，就名言中許不許外境，二派決定。若就引發通達空性之正見而立名，則隨應破與自立因二派決定也。若爾應於彼等隨誰行而求龍猛師徒之密意耶？曰：阿底峽尊者以月稱論師派爲主，隨尊者行傳此教授之先覺，亦皆尊崇彼宗。月稱論師見《中論》之註釋中，唯佛護論師解釋聖者意趣，最爲圓滿。即以彼論爲本，亦多採納清辨論師之善說，其非理者亦略破斥，遂廣解釋聖者之密意。佛護、月稱二師解釋龍猛師徒之意趣，最爲殊勝，故今當隨行此二論師決擇聖者師徒之密意焉！

辰二、別明抉擇正見。分三。巳初、明染汙無明。巳二、明彼即生死根本。

巳三、欲斷我執當求無我見。

巳初、明染汙無明。

佛說貪等之對治，僅是一部分煩惱之對治，所說無明之對治，乃一切煩惱之對治。故知無明是一切過失之根本，如《顯句論》云：「佛依二諦說，契經等九部，是就世間行，於此廣宣說，其爲除貪說，不能斷瞋恚，爲除瞋恚說，亦不能斷貪，爲斷慢等說，不能壞餘垢。故彼非周遍，彼皆無大義，若爲斷癡說，能盡壞煩惱，以佛說煩惱，皆依愚癡生。」故當善修對治無明之眞實義。若不知何爲無明，則必不知如何對治，故認識無明最爲切要。言無明者，謂明之違品，其明亦非任何一事，乃能知無我眞理之慧也。此明之違品，亦非僅無彼慧或離慧之餘法，乃慧之正相違者，此即增益有我之心。復有增益人我與法我之二，故人我執與法我執，皆是無明。其增益之相，謂執諸法有由自性或自相或自體之所成就。如《鄔波離請問經》云：「種種園林妙花敷，悅意金宮相輝映，此亦未曾有作者，皆從分別增上生，分別假立諸世間。」此說諸法皆是分別增上安立。《六十正理論》云：「由佛說世間，以無明爲緣，說是即分別，有何不應理。」《釋論》解釋此義，謂諸世間皆無自性，唯由分別之所安立。《百論》亦云：「若無有分別，即無有貪等，智者誰復執，爲眞爲分別。」《釋論》云：要有分別，乃有彼性，若無分別，即無彼性。如盤繩上立之蛇，決定當知自性非有。此說貪等雖無自性，其假立義，如同繩上假立之蛇。然非說彼蛇與貪等，於名言中有無皆同也。由前諸理，故知執實有之相者，謂說彼法非由無始分別假立，是執彼境由自性而有，其所執境，名爲自性，或名爲我。由說人上無彼自性，名人無我。眼耳等法上無彼自性，名法無我。故亦當知，執人法上有彼自性，即人法二種我執也。如《百論釋》云：所言我者，謂諸法之不依仗他性。由無彼性名爲無我。此由人法差別爲二，曰人無我，與法無我。人我執之所緣，《入中論》說：正量部中，有計爲五蘊者，有計爲一心者。其計一心爲我見之所緣者，如唯識宗與許阿賴耶識之中觀師，則計阿賴耶識爲彼所緣。其不許阿賴耶之中觀師，如清辨師與小乘諸部，則計意識爲彼所緣，當知此諸派所說，流轉生死者與修道者等補特伽羅之名義，皆通唯我與我所相事阿賴耶等之二事。《入中論》中破計五蘊爲俱生我執，薩迦耶見之所緣。《釋論》則說唯緣依蘊假立之我。又說唯五蘊聚，亦非名言之我。故一時之蘊聚及前後相續之蘊聚，皆非彼見之所緣，唯能引生我念之唯我，乃是彼之所緣。故任何一蘊及諸蘊集聚，皆不可立爲我之所相事也。此是此宗之無上勝法，餘處已廣說。

俱生薩迦耶見之所緣，要能任運引生我念。故執他人爲有自相之俱生執，雖是俱生我執，而非彼人之俱生薩迦耶見也。俱生我所執薩迦耶見之所緣，要能引生是我所有俱生念之我所有性，故我眼等非彼所緣。其行相謂執彼所緣爲有自相。俱生法我執之所緣，謂他身中之色等五蘊，眼等六根及內身所不攝之器界等，行相如前說。《入中論釋》云：無明愚癡，於諸法無自性，增益爲有，以障蔽見實性爲體，名爲世俗。又云：如是由有支所攝染汙無明增上之力。此說執境實有，即是無明，及說彼是染污無明。故法我執，有立爲煩惱障與所知障之二派，此同初說。龍猛師徒亦說此義，如《七十空性論》云：「因緣所生法，分別爲眞實，佛說爲無明，出生十二支。見眞知法空，無明則不生，由無明滅故，十二支皆滅。」分別諸法爲眞實者，即執彼爲實有耳。《寶鬘論》云：「若時有蘊執，彼即有我執。」此說未滅法執之前，亦不能斷薩迦耶見。《四百論》亦曰：「如身根遍身，癡遍一切惑，故由滅愚癡，一切惑皆滅。若見緣起理，則不生愚癡，故彼當盡力，專宣說彼語。」此所說愚癡，即三毒中之愚癡，故是染污無明。又說滅彼無明，要通達空即緣起之甚深緣起義，方能滅，故染污愚癡，當知即如《釋論》所說，是增益諸法實有之執也。此是月稱論師隨順佛護解釋聖者意趣，而開顯者。

巳二、明彼即生死根本。

如前所說之二種我執無明，非是內外諸宗所計之常一自在之人我執，亦非無方分之極微塵與彼集合成之粗色外境，及無時分之剎那心與彼相續成之識類內心，復非二取所空之實有自證，概非彼等不共遍計之人法二執，乃一切有情不待邪宗無始傳來所共有之俱生我執也。當知彼執，即生死根本。如《入中論》云：「有生旁生經多劫，彼亦未見常不生，然猶見彼有我執。」由此道理，故知於生死中繫縛一切有情者，是俱生無明。分別無明，唯學彼邪宗者乃有，故非生死之根本。要須如是分別了解。若不知者，則於抉擇見時亦必不知，以抉擇無俱生無明所執之境爲主，於彼支分中兼亦破除分別我執之境。必致棄捨俱生無明不破，於破二我時，唯破諸宗所計之我而抉擇無我。是則修時，亦必唯修彼義。以抉擇正見，即爲修故。於是修已現證及修到究竟，亦唯有彼義耳！若謂由見遍計執假立之二種無我，即能滅除俱生煩惱者，實爲太過。如《入中論》云：「證無我時斷常我，不許此是我執依，故云了知無我義，永斷我執最希有。」《釋論》云：今以喻明彼義毫無關係。頌曰：見自室壁有蛇居，云此無象除其怖，倘此亦能除蛇畏，噫嘻誠爲他所笑。此雖說是人無我，然法無我亦可配云：證無我時斷遍計，不許此是無明依，故云了知無我義，永斷無明最希有。

設有是念，《寶鬘論》說：若時有蘊執，彼即有我執，有我執造業，從業復受生。執五蘊實有之法我執，爲生死根本。《入中論》說：「慧見煩惱諸過患，皆從薩迦耶見生。」薩迦耶見爲生死根本，二論相違，以生死根本，不容有不同之二法故。答曰：無過。以此宗之二種我執，唯由所緣而分，非行相有所不同，俱以執有自相爲行相故。倘生死根本二相違者，要安立行相不同之二執爲生死根本故。以是當知，論說法我執爲薩迦耶見之因者，是顯示無明內中二執爲因果。若說彼二爲煩惱之根本者，是顯爲餘一切行相不同之煩惱根本。此理亦通彼二執，故不相違，如前後二念同類無明皆是生死根本，不相違也。月稱論師雖未明說薩迦耶見，即是無明。然不分人法，已總說執諸法實有，爲染汙無明。又許人我執，即執補特伽羅爲有自相。復多宣說俱生薩迦耶見爲生死根本。倘許彼異實執無明，則須安立生死根本有行相不同之二執，自成相違。故許彼二俱是無明也。

又前所說，俱生無明增益之境，其餘俱生分別，一切煩惱，皆取彼境一分而轉。如眼等四根皆依身而住，別無自境可住。如是餘一切煩惱，亦皆依俱生無明而轉，故說愚癡爲主。《四百論釋》解：如身根遍身，癡遍一切惑時云：貪等煩惱，唯於愚癡所遍計之諸法自性上，增益愛非愛等差別而轉，非離癡別轉。故亦即是依止愚癡，癡爲主故，由是當知愚癡於境執有自相。彼所執境，若順己意，即緣彼起貪，若違己意，即緣彼起瞋。若彼境與意俱非順違，中庸而住，雖緣彼境不起貪瞋，而生同類後念愚癡。《六十正理論》云：「若心有所住，寧不生煩惱，若時平常住，亦被惑蛇嚙。」《釋論》即如上解。又從執蘊實有生薩迦耶見，亦是

《寶鬘論》之意趣，生餘煩惱之理，如中士道所說，即可比知。又如《釋量論》云：「若人見有我，即常貪著我，著故愛安樂，由愛蔽過失，見德而愛著，遂求我所有，若時貪有我，即流轉生死。」此宗與前說安立二種我執之理，雖有不同，然生煩惱之次序，亦當依此論了知也。此謂初執我念所緣之我，爲有自相，遂生我貪。由此便愛我之安樂。又見我之安樂，不待我所即不得有，故愛著我所。由此障蔽過失，見爲功德。遂進求我所有，以成辦我之安樂。由彼煩惱，遂造衆業，由業故，復結生相續。《七十空性論》云：「業以惑爲因，由惑起諸行，身以業爲因，三皆自性空。」當於此生死流轉之次第，獲得決定了解。

巳三、欲斷我執，當求無我見。分二一。午初、須求無我見之理由。午二、引生無我見之方法。

午初、須求無我見之理由。

如前所說，二種我執無明，既須斷除，亦欲斷除，若僅欲斷，而不尋求了知我執爲生死根本之理。或雖了知，而不以了義教理破除我執之境，勤求引發無我淨見，實為極鈍根性，以已放棄能證解脫與一切種智道之命根，猶全不顧故。法稱論師云：「若未破彼境，不能斷彼執，故斷隨德失，所起貪瞋等，要不見彼境，非由外道理。」此說剔除外刺，不待破彼所執之境，以鉞從根剔之即除，斷除內心煩惱則不如是。如斷我執要見無彼所執之境，始能斷除也。月稱論師亦說：由見貪等煩惱與生老等過患，皆從薩迦耶見生。故瑜伽師若欲斷彼，當以正理破除我執所增益之人我境也。如《入中論》云：「慧見煩惱諸過患，皆從薩迦耶見生，由了知我是彼境，故瑜伽師先破我。」修眞實義者，當如是行，故云瑜伽師也。此亦是龍猛菩薩之意旨。如《六十正理論》云：「彼即衆見因，無彼不生惑，是故遍知彼，見惑皆不生。云何能遍知，謂見緣起性，緣生即無生，是正覺所說。」此說為染汙見及餘煩惱作根本之實執，要由緣起通達諸法自性不生之眞理，始能斷除。若未能破執諸法有自性之境，則必不見無彼自性故。提婆菩薩所說如前已引。又《四百論》云：「若見境無我，三有種當滅。」此說由我執所緣之境，都無有我，則能斷除為三有之根本無明。靜天菩薩亦云：補特伽羅空已善成立，由斷根本故，一切煩惱皆不復生。如《如來秘密經》云：「寂靜慧如斷樹根，一切枝葉皆當乾枯如是，若滅薩迦耶見，一切煩惱與隨煩惱皆當息滅。」此說通達修習補特伽羅自性空，能滅薩迦耶見。若滅彼見，則餘一切煩惱亦當隨滅，但若未破人我執境，亦必不能通達無我。彼文既明薩迦耶見為餘一切煩惱之根本，若彼異於無明，則生死根本有不同二種，故彼亦是無明也。總之，註釋甚深經義之諸大論師，凡抉擇真實義時必以無量教理而觀察者，是因了知，未見邪執所執之我空無所有，則不能知無我空性。故於此義，當求定解，最為切要。若未破除生死根本邪執之境，修彼空義而修其餘深義，則全不能斷除我執。以心未緣無我空性，則必不能斷我執故。若未破我執境，僅收其心令不緣彼境，不能立為緣無我故。以是當知，心緣境時，共有三類：一、執所緣為實有。二、執為不實。三、但緣境不執差別。如未執不實者，不必盡執實有，故未執二我者，亦不必即緣二無我，以有無邊第三類心故。又二種我執，主要是緣人我而轉。故當抉擇如彼所執，其事非有。若不爾者，如盜竄林中，而追尋於平原也。由修如是抉擇之空義，能斷盡錯亂，故此空義即是最勝眞實義。倘棄此義別求眞理，當知唯屬隨順所談，實出經義之外也。

如是執實有男女等人及色受等法之無明，由得通達無我空見而修習之，即能斷除，無明斷已，則緣實執境增益愛非愛相之非理作意分別，亦即隨滅，分別滅已，則以薩迦耶見爲根本之貪等煩惱，亦並隨滅。貪等既滅，則彼所起之業亦滅。業若滅者，則無業力所引之生死輪迴，即解脫矣。於此當生堅固信解，次求眞實正見。如《中論》云：「業煩惱滅故，名之爲解脫，業煩惱非實，入空戲論滅。」了知如是流轉還滅次第，當善愛護通達眞實，若不善分別，僅儱侗而修，都無益也。

午二、引生無我見之方法。分三。未初、二無我見生起次序。未二、正生二無我見。未三、建立世俗勝義二諦。

末初、無我見生起次序。

二種我執生起次第，雖是由法我執引生人我執，但悟入無我義時，則當先生人無我見，後生法無我見，如《寶鬘論》云：「士夫非地水，非火風非空，非識非一切，異此無士夫，如六界集故，士夫非眞實，如是一一界，集故亦非眞。」此中先說人無自性，次說人所依之地等諸界無自性。《顯句論》與佛護《論》亦說悟入眞實義時，當先從人無我悟入故，靜天菩薩亦如是說。其理由謂於人法上了解之無我，雖無粗細差別，然由所依之關係，於人上則易了解，於法上則難了解。如法無我，於眼耳等法上難了，於影像等法上則易了知。故影像等爲抉擇眼耳等無我之同喻也。《三摩地王經》亦云：「如汝知我想，亦如是知法，一切法自性，清淨若虛空。由一知一切，由一見一切。」此說若善了知我想所緣我之眞理，則準此理例觀眼等內法、瓶等外法，亦皆相同。故若知見一法之眞理，則能遍知見一切法之眞理也。

未二、正生二無我見。分二。申初、抉擇人無我。申二、抉擇法無我。

申初、抉擇人無我。分二。酉初、明補特伽羅。酉二、抉擇無自性。

酉初、明補特伽羅。

補特伽羅，有天人等六趣補特伽羅，及異生聖者等補特伽羅。又有造黑白業者、受彼果者、流轉生死者、修解脫道者、得解脫果者等。如《入中論釋》引經云：「汝墮惡見趣，於空行聚中，妄執有有情，智者達非有。如即攬支聚，假想立爲車，世俗立有情，應知攬諸蘊。」初頌明補特伽羅勝義非有之人無我，初句三句明妄執有人我者，墮惡見趣。二句四句明諸蘊中空無人我。第二頌明補特伽羅名言中有。初二句舉喻，後二句合法，明補特伽羅唯依蘊假立也。此經既說蘊聚，是假立補特伽羅之所依，非所依事即能依法。又蘊聚言，通同時蘊聚及前後蘊聚，故蘊聚與相續皆不可立爲補特伽羅。既立蘊聚爲所依事，則有聚法亦應立爲所依。故彼二種俱非補特伽羅也。《入中論》云：「經說依止諸蘊立，故唯蘊聚非是我。」又云：「若謂佛說蘊是我，故計諸蘊爲我者，彼唯破除離蘊我，餘經說色非我故。」此謂經說：「苾芻當知，一切沙門婆羅門等所，所有我執，一切唯見此五取蘊。」是破執離蘊我，爲俱生我執之所緣，非破彼已，即表諸蘊爲我見所緣也。若果是者，便違餘經破五蘊爲我。以我執所緣之境，要可立爲我故。當知經說唯見五取蘊之義，是見依蘊假立之我也，故當分辨。若以唯名假立之我爲我，則於名言中有。若以補特伽羅有自性爲我，則於名言亦無。不應漫說此宗許補特伽羅我，於名言中有也。如是明補特伽羅，是此宗別法，善了解此，即是通達不共人無我之最善方便。

酉二、抉擇無自性。分三。戌初、抉擇我無自性。戌二、抉擇我所無自性。

戌三、依此顯示補特伽羅如幻。

戌初、抉擇我無自性。

此中有四綱要：一、當觀自身人我執，執著之相，如前已說。二、當觀補特伽羅若有自性，則與諸蘊或是一性，或是異性，離彼更無第三可得。如瓶與柱，若決斷其爲多，則遮其爲一。如但日瓶，若決斷其爲一，則遮其爲多。更無非一非多之第三聚可言。故當了知離一異性，亦定無第三品也。三、當觀補特伽羅與諸蘊是一性之過。四、當觀彼二是異性之過。若能了知如是四綱，乃能引生通達補特伽羅無我之清淨正見。其中我蘊若是一性，有三過失：初、計我無義過。若我與蘊是有自性之一體，則應全無差別，以勝義一體者，則任何心終不見有異故。以此理由，謂世俗妄法，現相與眞理不符。雖不相違，若是實有，則成相違。以實有者，則見彼相之心，須如其眞理而見故。然計我有自性，是爲成立有能取捨諸蘊者。若與蘊一，則不能取捨也。如《中論》云：「若謂離取蘊，其我定非有，則計取爲我，其我全無義。」第二、我應成多過。若我與五蘊是一者，如一人有多蘊，亦應有多我。又如我但是一，五蘊應成一。《入中論》云：「若蘊即是我，蘊多我應多。」第三、我有生滅過。《中論》云：「若五蘊是我，我應有生滅。」如五蘊有生滅，我亦應有生滅，以蘊我是一故。若謂補特伽羅剎那生滅，是所許者。曰：於名言中作如是許，雖無過失，然彼是計補特伽羅實有自相，是則應許補特伽羅自性生滅也。《入中論釋》說此有三過：初、應不能憶宿命過。《入中論》云：「所有自相各異法，是一相續不應理。」若法前後自性各異，則後者應不觀待前者，以前後各能獨立不仗他故，如是一相續既不應理，則不應憶念我於爾時為某甲等。如各別相續，則天授憶宿命時，必不念我是祠授也。雖自宗亦說剎那生滅，然前後法是一相續，無相違失，故憶宿命應理。頗有未解此義者，見契經多說「我昔為彼」，便計成佛時之補特伽羅與往昔之補特伽羅是一。又見有為法剎那必滅，不可為一故說彼二是常，遂生依前際四惡見中之第一邪見也。若求不墮彼見，則憶宿命時，要知總念為我，不加時處自性之簡別也。二、作業失壞過，以作業者與受果者，不能於一我上具彼二事故。三、未作業受果過，謂他人所作之業餘人皆當代受其果故。犯此二過之理，亦如前說，是因計補特伽羅實有自性，則前後剎那不能成一相續之故也。如《中論》云：「若天異人者，是則無相續。」若作是念：計我與蘊自性各異，有何過失？曰：如《中論》云：「若我異五蘊，應無五蘊相。」謂若計我離五蘊別有自性，則應不具五蘊生住滅三有為相，如馬異牛，則不具牛相也。若許爾者，應非俱生我執施設我名言處，是無為故，如虛空花，或如涅槃。又離五蘊變礙等相，別有異性者，應有可得，猶如色心異相可見。然實不可得，故無異性之我。如《中論》云：「若離取有我，是事則不然，離取應可見，而實無可見。」《入中論》亦云：「是故離蘊無異我，離蘊無我可取故。」當以此等正理觀我異蘊之過失，而求堅固定解。若於一異二品未能真見過失，縱自斷言補特伽羅全無自性，亦但有其宗，終不能生清淨正見也。

戊二、抉擇我所無自性。

若以正理推求我有無自性時，見一異品皆不可得，便能破我自性。次以觀真實義之正理推求我所，則亦必無自性可得。如尚不見有石女兒，則定不見彼之眼等我所法也。如《中論》云：「若無有我者，何得有我所。」《入中論》亦云：「由無作者則無業，故離我時無我所，若見我我所皆空，諸瑜伽師得解脫。」如是抉擇自身我執所執我等，都無自性之理，進觀下至地獄，上至佛地，一切我、我所法，與彼所依之有漏無漏諸蘊，為一性異性，則能了知皆無自性，通達一切補特伽羅無我之眞理。由此亦當知彼等之我所法皆無自性也。

戊三、依此顯示補特伽羅如幻。分二。亥初、明如幻義。亥二、依何方便顯現如幻。

亥初、明如幻義。分二。乾初、如幻正義。乾二、如幻似義。

乾初、如幻正義。

《三摩地王經》云：「猶如陽燄尋香城，及如幻事並如夢，串習行相自性空，當知一切法如是。」《般若經》亦說：從色乃至一切種智，一切法皆如幻如夢等。彼所說如幻有二義：一、勝義諦如幻。謂但可言有而非實有。二、現相如幻。謂體性雖空而顯現可見。今即後者，此中要具二義，謂要顯現及如現而空。非如兔角與石女兒，全無所現，若現而不空，亦不能見爲現相如幻也，以是當知諸法如幻之理，喻如幻師所變幻事，雖本無象馬等體，然現爲象馬，實不可遮。補特伽羅等法上，雖本無自性，然現爲有自性，亦不可遮。如是所現天人等，即立爲補特伽羅，所現色聲等，即立爲法。故補特伽羅與法，雖無少許自性，然造業受果等，與見色聞聲等，一切緣起作用，皆得成立也。由一切作用皆成立故，非斷滅空，由諸法本來如是空故，亦非由心計度爲空。由一切所知境皆如是故，亦非少分空。故修此空始能對治一切實執也。又此深義，非任何心皆不能緣。以正見既可抉擇，修眞理之道，亦能修習。故亦非修道時不可修、不可了、不可證之空也。

問：若了知影像等如現而空，即是了達彼等無自性者，異生既已現證無性，應成聖者，若非達無性，則彼如何能作無自性之喻耶？

曰：如《四百論》云：「說一法見者，即一切見者，以一法空性，即一切空性。」通達一法空性之見者，即能通達一切法之空性。又通達影像空無形質，於執影像有自性之實執境，全不妨害。倘既未破實執之境，亦必不能通達影像無自性之空性。故非彼心即通達影像之眞理。以是當知，通達幻事空無象馬，及夢境等空無所見之物，皆非已得通達如幻如夢之中觀正見。然取彼等爲喻者，是因彼等無自性，較色聲等法容易通達。謂若境實有，則離眞理外不可現爲餘相。由明彼二相違，即能成立彼等皆自性空也。要先通達世間共知虛妄之喻爲無自性，而後方通達世間未知虛妄之法，亦無自性。此二必有先後次第。故前論意非說通達一法之空性，即親通達餘一切法之空性。是說用心進觀餘法是否實有，皆能通達也。以是當知，夢中了知是夢，通達彼中男女等相空，與《現觀莊嚴論》：「夢亦於諸法，觀之如夢等。」說於夢中通達諸法如夢，義亦不同也。又由修定之力，覺定中所見瓶衣等相，如現而空，與通達瓶衣等如幻如夢都無自性，亦不相同。故於了義經論所說如幻如夢之不共道理，尤當善學。如是不善名言之兒童，執鏡中影像爲形質，與不解幻術之觀衆，執幻相爲象馬，夢中不知是夢，執夢中山林房舍等實有其事者相同。已善名言之老人，與幻術師及夢中了知是夢者，不執彼相實有其事，亦復相同。

然彼二者，皆非已得眞實義之正見也。

乾二、如幻似義。

有未善解如前所說所破之量，先以正理分析彼境，便覺非有。次覺能觀者亦同彼境非有。是則任於何法皆無是非之決定。即是現相杳茫不實，亦由未善分別有無自性與有無之差別而起。如是空義，是破壞緣起之空。由證彼空所引起之杳茫境相，亦非如幻之正義，故於補特伽羅等以爲實有自性之境上，如理研尋，覺其全無，及依彼空，便現諸境杳茫無實，皆非難事。以凡信解中觀宗義，略聞無自性之法者，皆能現起也。其最難者，是要盡破一切自性，復能安立無自性之補特伽羅等，爲造業者與受果者等。其能俱立此二事者至極少數，故中觀正見最爲難得也。故以觀眞實義之正理，研尋生等無可得者，是破有自性之生等，非破一切生滅。若破一切生者，則同兔角石女兒等作用之空，便無現象如幻之緣起作用，成大過失。如《四百論》云：「如是則三有，云何能如幻。」《釋論》云：「如實見緣起者，是見如幻，非如石女兒。若此觀察破一切生，說是有爲無生者，便非如幻，應如石女兒等全無緣起。吾怖彼過，不能順彼。當不違緣起順如幻等。」又云：「周遍思考諸法自性皆不成就，唯餘諸法如幻之義。」故執有緣起如幻相，非犯過之幻執，若執幻相實有自性，乃是過失。如《三摩地王經》云：「三有衆生皆如夢，此中無生亦無死，有情人命不可得，諸法如沫及芭蕉，亦如幻事與空電，等同水月及陽燄，無人從此世間沒，而更往生餘世間，然所造業終不失，黑白亦各熟其果。」此說以觀其眞實義，正理善推求時，雖無生死補特伽羅可得，然如幻諸法，亦能出生黑白之果。又若定中不修了解眞理之見，唯專令心全無所執而住，由此力故，於出定後，見山林等一切現相，或如虹霓，或若薄煙，不類以前之堅實者，亦非經中所說之如幻義。此是空無粗礙之相，非空彼境之自性故。無堅礙相，非是無自性之空理故。若不爾者，則緣虹霓等事時，應不更起實執。緣粗礙事時，應不能生通達無實之慧也。

亥二、依何方便顯現如幻。

問：如何始能現起無倒如幻義耶？曰：譬如幻現之象馬，要由眼識現見似有，復由意識了知其非有，方能決知所現象馬是虛妄幻相。如是補特伽羅等，亦要由名言識現見似有，復由理智了知其自性空，乃能決知補特伽羅是虛幻現也。此要先於定中觀實執境如同虛空，修此空性後，出定時，觀諸現相，則能見後得如幻之空性。如是以理智多觀諸法有無自性，引生猛利定解，了知無自性之後，再觀現相，即能現起如幻空性。別無抉擇如幻空性之理也。於是禮拜繞佛等時，亦當如前觀察，以彼定中攝持學習如幻空義，於此空中修一切行，如是修已，略憶正見，亦能現起諸行如幻也。

求此定解之理，簡要言之，先當善知如前所說正理之所破，了知自身無明如何執有自性。次觀彼自性不出一異，審思二品所有過失。彼當引生堅固定解，知補特伽羅全無自性。既於空品多修習已，次當思惟緣起品義，謂令心中現起，不可遮止之補特伽羅名言，即安立彼爲造業者與受果者。於無自性中成立緣起之理，皆當善獲定解也。若覺彼二有相違時，當取影像等喻，思惟不相違之理。於彼影像雖空，無眼耳等事，然形質明鏡等緣爲依，即有彼相現起，若緣有闕，即亦隨滅。如是思惟補特伽羅雖無塵許自性，然依往昔惑業而生，亦可立爲造業者與受果者，都不相違。如是道理，於一切處皆當了知。

申二、抉擇法無我。

施設補特伽羅之五蘊與地等六界、眼等六處，名法。彼自性空，即法無我。（抉擇此無我之理分二。）

酉初、即用前理破。酉二、別用餘理破。

酉初、即用前理破。

蘊處界法，總分二類。諸有色者，必具東西等方分，與有方分之二。凡諸心法，必具前後等時分，與有時分之二。當觀彼二若有自性，爲一爲異，如前廣破。此如經云：「如汝知我想，如是觀諸法。」

酉二、別用餘理而破。分二。戌初、明緣起因。戌二、成立無為亦非實有。

戌初、明緣起因。

緣起之因，如《海慧經》云：「若法因緣生，是即無自性。」此以緣起因破除自性。《無熱龍王問經》亦云：「若從緣生即不生，其中無有自性生，若法依緣即說空，知空即是不放逸。」初句所說不生之義，第二句釋爲無自性生，是於破生須加簡別。《顯句論》引《楞伽經》云：「我依自性不生密意，說云一切法不生。」恐見經說無生，未加簡別，便執一切生皆非有。故佛自釋諸經密意，謂無自性生。第三句說，凡依仗緣起而生者，即自性空，故自性空是緣起義，非生滅作用空義。《中論》亦云：「若法因緣生，即自性寂滅。」此以緣起爲因，說自性寂滅而空。有說中觀宗凡因緣生者，即說無生。當知此等臆說一切皆破。又經論中皆稱讚緣起因，如《無熱惱龍王請問經》云：「智者通達緣起法，永不依於諸邊見。」如實通達緣起，即永不依邊見之義。《入中論》云：「由說諸法依緣生，非諸分別能觀察，是故以此緣起理，能破一切惡見網。」此即龍猛師徒無上勝法，故當略說緣起道理。當知此清淨正見有二歧途，一謂執諸法實有，未遣實執所緣之常見及增益見。二謂不知所破量齊，破之太過，自宗全無因果緣起、是非差別之斷見及損減見，若依從此因緣定生彼果之緣起正因，能破自性者，則彼二見一切皆滅。以決定因時，即破除斷見，決定宗義時，即破常見故。如芽等外法與行等內法，要依種子與無明等方得生，是則彼等皆無自性。以有自性者，必能自立，依仗因緣成相違故。如《百論》云：「若法緣起有，是即無自性，此皆無自性，故我終非有。」以是當知補特伽羅與瓶等法，由彼自支聚而立，亦無自性，是緣起因第二建立。凡依緣生或依緣立者，則與所依必非一性。自性一者，一切作用皆成一故。彼二亦無異性，若有異性則無關係，此說依彼成相違故。《中論》亦云：「若法從緣生，是則不即因，亦不異於因，故不斷不常。」《出世讚》亦云：「外道計諸苦，自造及他造，共造無因造，佛說是緣生。若法從緣生，佛說即是空，諸法無自在，無等獅子吼。」此說以緣起因，能破一異斷常及四邊生。若能破除一切實執，了解空性，復能不捨業果緣起，勤修取捨，最爲希有，如《釋菩提心論》云：「若知諸法空，復信修業果，奇中此最奇，希中此希有。」欲生如斯定解，要先善辨有與自性有、無與自性無之差別。《入中論》云：「若知影像無自性之因果建立。誰有智者，由見色受等不異因果諸法，而執定有自性耶。」故雖見有而無自性生。若未能分彼等差別，由見有法便執有自性，見無自性便執全無，必不能出增減二邊，如《四百論釋》云：「如計諸法有自性者，見有彼法，便執亦有自性。若時無性，即執彼法畢竟非有，如同兔角，由彼不能出二邊故，一切所許皆難應理。」以是由無自性故，遠離一切有邊。由能安立無自性之因果故，遠離一切斷邊。所言邊者，

《解釋正理論》云：「邊謂近與後，近品及毀呰。」此五邊義，雖自宗亦許，然此所言正見歧途之二邊，如《中觀明論》云：「若謂中道有勝義自性法者，由有彼故，則計爲常，或計無常，云何成邊。說如實隨順諸法眞理，如理作意，名墮邊處，不應道理。」此說如義作意，非是墮處，則非邊執。例如世間懸崖名邊，墜落該處，名墮邊處。若執諸法實有，或執全無，是爲眞理違品斷常二邊。若執諸法勝義無及執業果名言有，則非邊執，以境如所執而有故。如《迴諍論》云：「若非無自性，即成有自性。」此說若非勝義無，即成勝義有。又云：「若不許名言，我等不能說。」《七十空性論》云：「勿破世間理，依此有彼生。」以是有分有與非有、無與非無之差別者，但是言辭稍異。若觀彼二之義，實無少許差別。故以此理判墮不墮邊執，徒著戲論而已。

戌二、成立無為亦非實有。

若以前理，已能成立補特伽羅與有爲法皆非實有，則虛空、擇滅、非擇滅、眞如等無爲法，亦易成立皆非實有。故《中論》云：「有爲法無故，何得有無爲。」易成之理，謂如前破有爲法自性，雖無自性，而能安立因果、繫縛、解脫、能量、所量等一切作用。此既成立，則法性擇滅等無爲法，雖非實有，亦可安立道之所證、智之所量，衆生所皈依之法寶等一切建立，誰亦不能攻難而謂此等若非實有，則彼建立皆不應理，故無許無爲法實有之必要也。即許無爲法眞實者，亦必應許能相所相、離繫因果、能量所量等一切建立。若無爲法與其能證、能相、能量等無關係者，則一切無關係法，皆應成爲能相所相無理避免。若謂有關係者，然實有自性法不應待他，故亦不能立其關係。亦可觀其一異而破。若謂此理不能破無爲法實有者，亦應不能破有爲法，是則全無實有可破。若謂有爲法自性空者，是說彼法無彼自性，故是斷空，然眞如有自性，故是實有。上句是抉擇有爲法自性空之最大歧途，是毀謗有爲緣起之斷見。後句說眞如有自性，是增益實有之常見，故是邪解眞空之義。若自性空義，是彼法無彼法自體者，自既非有，則他亦非有，其立法實有之立者，與成立彼宗之教理等，亦皆自性空，皆應非有。則安立實有少法之宗派，純屬臆說也。若善知此理，則知印度佛弟子，凡說有實有法者，則定說有爲法實有，名實事師，其說有爲法非實有者，亦必不許任何法爲實有，實較藏地任意談說者，超勝多矣。於眞實義雖有二說，然皆共許世俗法是自性空。次乃諍論勝義是否實有。故以正理破除諸法實有之後，不許有爲法與一切法爲實有者，與倒解空性爲斷空者，說有爲法與一切法皆非實有，畢竟不同也。

或問：若《中論》云：「有爲法無故，何得有無爲。」如上解者，則《六十正理論》云：「若諸佛宣說，唯涅槃眞實，智者誰復執，餘法非虛妄。」此說唯涅槃眞實，餘法不實。《法界讚》亦云：「凡是佛所說，宣說空性經，皆爲滅煩惱，非滅此法界。」此說空無自性之經，是爲滅除煩惱而說，非說無此本性清淨法界，寧不相違耶？曰：此乃倒解彼二論義。前論之義，如世尊說，諸苾芻，勝義諦唯一，謂涅槃不欺誑法，一切諸行是虛妄欺誑之法，此經亦說涅槃眞實，諸行虛妄、但眞實義，前句經解作不欺誑。虛妄之義，後句經解作欺誑，《六十正理論釋》說涅槃即勝義諦，此不於現證之慧前，非有自性現有自性，故無欺誑。餘諸行等，則於現見之慧前，非有自性現有自性，是欺誑法。若以觀是否實有之理智而思擇，則全無堪忍觀察之實有。不審其義，但著其名，此復何爲耶。又《六十正理論》云：「三有與涅槃，此二均非有，若遍知三有，即說名涅槃。」此說生死涅槃俱無自性，了知三有無自性，即立爲涅槃。豈是說生死無實之空性爲斷滅空者哉。《法界讚》義亦是說：宣說空無自性之經，是爲滅除餘一切煩惱之根本實執，明無彼所執之境，非說破二我執境，所顯之本性清淨法界空性亦無所有。雖有此空性，然非實有。故有說此論連破實有所現之空性，亦不許有。或說盡斷一切煩惱，而不須親證空性眞勝義諦。當知此論皆已破訖。《法界讚》又云：「說無常苦空，爲淨心方便，最勝修心法，是爲無自性。」又云：「諸法無自性，是法界應修。」此說諸法無自性，是所修之法界，修無自性，是最勝之修心法。有說諸法無自性空名爲斷空，離此空外，別立實有空性爲所修之空者，如何會釋此論耶。如東方無蛇，有人妄執爲有，除彼怖畏苦時，說明東方無蛇，云不能除苦，要說西方有樹，方能除苦。汝亦如是，諸有情類，由執諸法實有而生痛苦，除彼苦時，汝說令其通達所執無實，不能對治其苦，要說餘事實有，方除其苦耳。

未三、建立世俗勝義二諦。分四。申初、分二諦之事。申二、分別之數。申三、分別之義。申四、釋所分義。

申初、分二諦之事。

分爲二諦之事，先覺雖有多說，今如《集學論》云：「所知亦唯世俗勝義二諦。」以所知爲所分之事也。

申二、分別之數。

如《中論》云：「一以世俗諦，二第一義諦。」謂分世俗勝義二諦。

申三、分別之義。

既分二諦，則應有異，其異相云何。先覺多說如瓶與衣爲體性異，如無常與所作性，體性是一，待所遮爲異。此二所異之法皆屬有事，若有一法非有事攝，名遮一品之異，共爲三異，二諦屬遮一品之異。有說二諦是一體性，待所遮爲異者，《中觀明論》說：同體係於無事法，亦不相違。極爲善哉。故所異二法，俱屬無事，或隨一法屬無事攝。許是一體，待所遮爲異，都不相違。《入中論釋》云：「宣說諸法之體性有二，謂世俗與勝義。此說一一法各有世俗勝義二種體故。若二諦體性非一，異體亦極不應理，則二諦無體，應成斷無。以凡有者，一體多體二決定故。」《釋菩提心論》云：「說世俗即空，唯空即世俗，此無彼不有，如所作無常。」如芽若與自勝義定體性異者，則與自實空亦應異體，是芽則成實有。由非異體，故體是一，芽雖是實空，然非勝義諦。有經論說二諦非一非異者，有者是約自性成就之一異說，有者是約體性非異所遮非一而說也。

申四、釋所分義。分三。酉初、釋世俗諦。酉二、釋勝義諦。酉三、釋二諦數定。

酉初、釋世俗諦。分三。戌初、釋世俗與諦字義。戌二、世俗諦相。戌三、世俗差別。

戌初、釋世俗與諦字義。

《顯句論》說：世俗有障眞實、互相依、世間名言三義。後者釋爲能詮所詮、能知所知等相。故非唯能知與能詮之有境名言，亦莫執一切所知所詮皆是世俗諦。其色等法，於何世俗心前安立爲諦，彼世俗心，即三義中之初世俗，亦即於無自性諸法增益爲有自性之無明，事非實有而立爲實有者，必是心法。除實執外，於餘心前無可立爲實有者故。如《入中論》云：「癡障性故名世俗，假法由彼現爲諦，能仁說名世俗諦，所有假法唯世俗。」《釋論》亦云：「由有支所攝染污無明增上之力，安立世俗諦。若已斷染污無明，已見諸行如影像等聲聞獨覺菩薩之前，唯是假法，全無諦實，以無實執故。故此唯誑愚夫，於餘聖者則如幻事，是緣起性，唯見世俗。」此非說安立有世俗諦要由無明安立，於已斷染污無明之聲聞獨覺菩薩前，便不安立世俗諦。其初因相，謂如前說染污無明，即是實執，彼所執義，於名言中亦非有故，但世俗諦於名言中則定有故。以是當知，安立諸法世俗中有之世俗，必非染污無明之世俗也。第二因相，謂諸已斷染污無明世俗心者，由無安立諦實之實執世俗故，成立諸行於彼等前非是諦實，不能成立非是世俗故。故說諸行於彼等前唯世俗者，是說世俗與諦實二義於彼等前不可安立爲諦。唯字僅遮諦實，非遮世俗諦。說爲唯世俗與世俗諦之意，當如是了知。《顯句論》云：由於世間世俗爲諦，名世間世俗諦。如《入中論釋》云：「由此世俗，令諸法現爲實有，無自性者現有自性。以於世間顚倒世俗之前，爲諦實故，名世間世俗諦。」謂如前說，是於無明世俗之前現爲諦實。非於名言許爲實有。若不爾者，則違此宗於名言中亦不許自相，及於名言亦破實有，成立無實故。由此道理，亦當了知智藏論師說世俗中諦之義。問：法性與二我，於實執世俗之前現爲諦實，亦應成世俗諦。曰：若僅於實執世俗之前現爲諦實，便立爲世俗諦者，應有彼過，然非如是。此僅是說，世俗諦之諦字，爲於何世俗前爲諦之世俗，及於彼前如何諦實之理耳。

戍二、世俗諦相。

內外諸法各有勝義世俗二體。如芽，有見眞所知眞實義理智所得之芽體，與見妄所知欺誑義名言識所得之芽體。前者即芽之勝義諦性。後者即芽之世俗諦性。《入中論》云：「由於諸法見眞妄，故得諸法二種體，說見眞境即眞諦，所見虛妄名俗諦。」此說芽體有二種體性，勝義即前識所得，世俗即後識所得。非說芽之一體觀待前後二識爲二諦。《入中論釋》云：諸法之體性有二，謂世俗與勝義。說一一法分爲二體，勝義是見眞諦智所得，世俗是見虛妄識所得。世俗諦法事本非諦，是於實執前爲諦，故了解彼義時，必須了解彼爲虛妄。喻如了解瓶是虛妄所知欺誑義時，必須於瓶，先以理智破除實執之境，獲得正見。未以正理破除實有，必無正量能成其爲虛妄故。雖瓶衣等是世俗諦，然心成立瓶衣等時，彼心不須成其爲世俗諦。如瓶衣等雖無自性現有自性，猶如幻事。然成立瓶衣之心，不須成立如幻義。故有說此宗瓶衣等法，觀待未得中觀正見異生識前，是世俗諦，觀待聖者是勝義諦，不應道理。《入中論釋》云：「其中異生所見勝義即有相行，聖者所見唯世俗法。其自性空，即聖者之勝義。」彼乃違是而說故。諸異生類執瓶等爲實有，亦即執爲勝義有，故待彼等之識，瓶等乃勝義有，非世俗義。彼等識見爲勝義有之瓶等事，觀待聖者身中見萬有如幻之智，反成世俗。觀待此智不可安立爲諦，故說唯世俗也。雖然彼等之本性說爲勝義諦。故當分別解說，瓶等爲世俗，瓶等本性，即聖者之勝義，不可說瓶等於聖者前即爲勝義，以聖者見眞義之理智不得瓶等故，論說見眞義之理智所得爲勝義諦故。

戊三、世俗差別。

自立因中觀師說：內識現似有自相時，如現而有，故心不分正倒。外境現時，須分如現有無自相。如《二諦論》云：「所現雖相同，然有無作用，故當分世俗，有正倒差別。」此宗隨應破，則說：凡有無明者，所見一切有自相事，彼識皆由無明所染而現，故世俗義不分正倒。《入中論釋》云：「若世俗中亦見爲虛妄者，非世俗諦。」此說喻如影像，於已善名言世人之世俗心前，知非實有，故非待彼之世俗諦。然是見虛妄所知欺誑義識所得之義故仍是世俗諦。如見影像之識，於所見境迷亂。有無明者見青等有自相之識，於所見境迷亂正復相等。若以如是亂識，立所量爲眞實則成相違。若立所量爲虛妄，適得相成，若不爾者，則於名言未成實有，亦必不能立世俗諦。若於名言立如幻虛妄，當必不能立世俗諦。隨應破說，未被現前錯亂因緣所染之六識，與被染之六識。前六識所取之六境，與後六識所取之六境。其顚倒之六識六境，立爲倒世俗。其未顛倒之六識六境，立爲正世俗。此亦唯待世間，或名言量，立爲正倒世俗。非待聖見隨行之理智而立。故中觀自宗說，凡有無明者，見影像等與見青色等，待所見境無錯亂，不錯亂之差別，都是錯亂，故不分別正倒世俗。《入中論》云：「無患六根所取境，即是世間之所知，唯由世間立爲實，餘則世間立爲倒。」執人法有自相，有二種執。其由惡宗所薰心意，此妄計之逆品，非名言量所能成立。故是例外。又盡離一切無明習氣，錯亂因緣之盡所有智，雖亦現二取相，然非於所見境迷亂，理如餘處所說。

酉二、釋勝義諦。分三。戌初、釋勝義與諦字義。戌二、釋勝義諦相。戌三、釋勝義之差別。

戌初、釋勝義與諦字義。

《顯句論》云：「既是義，復是勝，故名勝義。即此諦實，故名勝義諦。」此許勝與義，俱指勝義諦。勝義諦之諦，謂不欺誑。由不安住此性而現彼相欺誑世間故。《六十正理論釋》說，勝義諦亦唯由世間名言增上而立。故世俗諦之諦是於執實前為諦。與勝義諦名義不同。

戌二、釋勝義諦相。分二。亥初、正義。亥二、釋難。亥初、明正義。此中分三。子初、明體相。子二、次說親證勝義之情理。子三、後說譬喻。

子初、明勝義之體相。

勝義諦相，如《入中論》說，是見眞所知義智之所得。《釋論》云：「勝義，謂現見眞義勝智所得之體性，此是一體，然非自性有。」此說是能量眞實義之無漏智所得，非自性有。有說「無漏根本智有所獲得，即諦實有。」此亦破訖。言勝智者，謂非凡是聖智所得。要智差別如所有智所得乃勝義諦。言所得者，義謂由彼智如是成立，世俗亦然。又彼智如何得者，如有翳眼見虛空中毛髮亂墜。無翳之眼，則於彼處全不見有毛髮墜相。如是由無明翳所損害者，便見蘊等自性可得。其永盡無明習氣者，與有學聖者根本無漏智，現見眞實義之理，正如無翳淨眼，全不見有微末二相。此所見本性即眞勝義諦。如《入中論》云：「如眩翳力所遍計，見毛髮等顚倒性，淨眼所見彼體性，乃是實體，此亦爾。」《釋論》亦云：「即此蘊等，諸佛世尊永離無明習氣者，所見自性，如無翳人不見毛髮。此即諸法眞實勝義諦。」此所見之勝義，即一一法有二體性之勝義體性，亦即諸法自性本空之性淨涅槃。如其所應離垢種時，亦即滅諦涅槃。《六十正理論釋》云：「豈涅槃亦是世俗諦耶？答曰：如是。」又云：「故涅槃亦唯於世俗諦假立。」此義是說：安立涅槃勝義諦爲有者，亦唯就世俗諦名言識前而立。非說此宗許涅槃爲世俗諦。彼釋自說三諦屬世俗諦，涅槃即勝義諦。《入中論釋》亦說：餘三諦屬世俗，滅諦屬勝義故。又外難曰：若涅槃亦於世俗安立爲有，則與說是勝義諦相違。答曰：勝義諦亦唯由世間名言而說，故凡立爲有者，當知皆由世間名言增上安立。《十萬般若》云：「此一切法，皆依世間名言而立，非依勝義。」《七十空性論》云：「生住滅有無，以及劣等勝，佛依世間說，非是依眞實。」此說生住滅三，劣等勝三，及有無等一切建立，佛皆唯以世間名言增上而說，非離名言增上安立，而以眞理增上安立。智藏論師說：「由於勝義諦實，名勝義諦。」當知彼將理智亦說名勝義，是說於彼前不欺誑名諦，非說堪忍觀察之諦實。以彼論中破一切法眞實有故。故有難云：「若勝義於勝義中不諦實，則世俗於世俗中亦不諦實。」可答曰：許爾。若難云：「前者於前者不成，後者於後者亦不成。」此等於說：「若遮實有，非是實有，則所遮之有法應成實有。」以說勝義是於所遮有法上，唯遮實有而立故。難諸有法應非世俗有者，即難應非虛妄故。此難極無關係，諸有法非實有，適能助成所遮之事爲虛妄故。以是當知，安立名言有時，雖不須以見眞實理智成立，然須名言量與理智量俱不違害。《六十正理論釋》云：「五取蘊無常等四，於世俗中有，故執彼四，觀待世俗非是顚倒。」諸蘊常住等四，於世俗中亦非有，故執彼四觀待世俗亦成顚倒。《入中論》云：「無知睡擾諸外道，如彼所計自性等，及計幻事陽燄等，此於世間亦非有。」此說外道所遍計之神我、自性等，與計變幻之象馬等，其所執境，於名言中亦非是有。故有說隨應破派，錯亂心前有者，即安立爲世俗有。實屬無心。即他派中觀師亦無如是許者也。《入中論》說：心境有無相等者，亦非總說有無，是說彼二自性有無。故凡立爲名言有者，雖皆由名之名言增上安立爲有。然不許凡由彼增上所立，皆名言有。此宗雖許唯由名言增上安立。然彼唯字，非遮「有境名言」以外之義，及「彼所立義由量成立。」是說：若覺名言增上安立猶嫌不足，要立彼義外，尋求所立義，有所得時，始立爲有，若無所得，即立爲無。此宗不許彼義，以彼尋求若有所得即成實有。故名言中亦不許如是推察能有所得，是否觀察眞實義之界限，亦由此安立。若有自相，即非唯由有境名言增上安立，是由彼義自性而有。故於名言亦不許自性有、自相有、自體有，如餘廣說。

亥二、釋難。

若佛如所有智，能得勝義諦者，云何《入中論釋》說無所見唯見眞實，如云：「設作是念，如是行相之自性，豈非無可見，諸佛如何見彼性耶。曰：實爾。然即無可見名之曰見。」又引證說：眞實義諦，超過一切智境。又說：佛地全無心心所行。若謂佛不見蘊等，則十力時說知一切法，如何不違。曰：言以無見爲見者，非說都不見一切境。是說若無明眩翳力所見諸法眞實有者，則聖根本無漏智應有所得。然由全不見彼等乃見彼等之眞實。以有所遮應有可得，由無可得，即安立爲已破所遮故。又說無見即是勝見，亦應如是知。《般若攝頌》亦云：「若不見色、不見受，想不可見、不見思，若亦不見心意識，如來說彼見正法。若衆生說見虛空，當觀虛空云何見，佛說見法亦如是，餘喻不能表見法。」此說不見者爲五蘊，者爲正法，此即眞實義。如云誰見緣起即見正法。又如虛空，唯遣礙觸。言見彼或知彼者，謂礙觸若有，應有所得。由不見礙觸，即見虛空。此所見者爲虛空，不見者爲礙觸。若非如此喻而見，謂見眞實如見藍色，即末二句所遮。經說不見五蘊者，謂無漏根本智見眞實義前，不見有法。《入二諦經》

云：「天子，眞實義諦，超過具一切勝相一切智境。非如所言眞勝義諦。」此說言勝義諦時，心中別現能所二相，不如是見。故言無二相之據，非是佛地不知勝義之據。《入中論釋》亦云：「若都不觸所作有法，唯證本性。由證眞性故名為佛。」此說諸佛如所有智見眞實前，全不觸依他起，唯證法性。言無心心所行者，是說證眞實義時無分別行。非說無心心所。《顯句論》云：「分別即心行，由離彼故，說眞實義都無分別。」如經云：「云何勝義諦，謂都無心行，況諸文字。」此說無心行義，即無分別行。又《入中論釋》說：於有學聖根本定時，非畢竟滅，要成佛時，乃畢竟滅。彼釋又說：若無彼性，則諸菩薩為證彼故，修衆苦行應成無用。並引經證，如云：眼等本性為何。曰：謂不造作，不觀待他，是離無明翳慧所通達之本性。此性有耶。曰：「誰云此無。此若無者，諸菩薩衆，復為何義，修學波羅密多道。然諸菩薩實為通達此法性故，如是勤行百千難行。」又引經云：「善男子，若無勝義，則修梵行徒勞無益，諸佛出世亦無有益。由有勝義，故諸佛菩薩名勝義善巧。」此說若無勝義諦，則爲證究竟涅槃之梵行而修諸行，應成無用。衆生既不能證彼，則佛出世爲令衆生證彼，亦成無用。諸大菩薩亦應非善巧勝義諦。此既引經成立有勝義諦，故有說此師宗說勝義諦非所知法及說聖根本定無證眞實義智，唯是倒說。《入中論釋》又云：「故由假名安立通達眞實，實無少法能知少法，能知所知俱不生故。」其初句義，謂智與眞實分成心境，立爲通達眞實者，唯就名言識前而成，非就彼智前而立。言能知不生者，謂於自性不生之義，如水注水也。論言：由於此智眞實義境，諸心心所畢竟不轉，故說唯身證者，意謂眞實爲所證之業，內智謂能證之作用，受用身爲證彼之作者、知者。如是證時，即如前時全無心心所之分別行。如《釋論》云：「若身現證此眞實義，即說此身爲寂滅性，由其永離心心所故。」若謂諸佛不見蘊等，則是謗佛盡所有智，及謗一切盡所有義，以有與佛不能知成相違故。以是當知，盡所有智須觀盡所有義。由無行相而知非此宗意，故是現相而知。所現盡所有境，復有二類：

一、未被無明習氣所染之佛相好等。二、已被無明習氣所染之不淨情器等。初者佛地毋須滅除，次由佛無此因故無彼果。顯現之理，如未斷無明之有情現佛相好實無自相，現有自相，此非彼境，是由無明習氣所生而現，是因彼心自由無明習氣所染增上而現。以此非因於他有情如是顯現，故於此心亦如是現，是由自身如是顯現故。又未斷無明者，見色聲等境實無自相現有自相。此於諸佛盡所有智亦如是現。此則由於有無明染污之有情如是現故於佛始現。若不待他如是顯現，諸佛自身必不現起。故諸佛了知色等實無自性現有自性，是因具無明者如是顯現而知，非不待他有情如是顯現，諸佛自身亦如是現，故佛雖如是現，亦無錯亂之失。如此雖非佛智有染污故如是顯現，是由佛智要知一切所知故爾。如是當知，盡所有智本身，見一切法皆虛妄如幻，無我無性，不見實有。其具無明者所現一分，彼智亦能見者，唯見他有情見為實有也。《六十正理論》云：「善巧法性者，見諸法無常，欺誑法虛偽，空、無我、遠離。」《釋論》亦說：「所作究竟，故見如是。」如是《二諦論》云：「遍計性遠離，唯如是顯現，一切依緣生，一切智現見。」此說盡所有智明見一切法。又云：「若時都不見，能所知自體，彼不生諸相，堅住故無起。」此說佛住寂滅二相之三摩地中永不起定。若未如實了解彼二說之理趣，則說僅能許一理，俱許二說自成相違。然實不相違。以見如所有智與見盡所有性智，體雖是一，然觀待各別二境，即成理智與名言智，無少相違故，此於因位見時，要善知於一法上，理智與名言量所得不同，而無少分相違。果位二智，緣境猶不止此，若能善知，於彼境上二量成何量，則亦能知境雖不定，二種有境仍各別不同。二諦相之細分，亦由此應知。

酉二、釋勝義諦。分三。戌初、釋勝義與諦字義。戌二、釋勝義諦相。戌三、釋勝義之差別。

戌三、釋勝義之差別。

勝義諦差別，《入中論釋》說：空性，廣分爲十六空性，中分爲有性、無性、自性、他性四種空性，略分爲人法二無我。餘論有說二種者，謂眞勝義與順勝義。《中觀明論》云：「此無生理順勝義故，名爲勝義，然非眞實。眞實勝義超出一切戲論故。」《中觀莊嚴論》云：「由順勝義故，此名爲勝義，眞實勝義諦，離一切戲論。」《二諦論》亦如是說。《二諦自釋》與《莊嚴論》亦說：破勝義生名爲世俗。昔諸先覺解釋彼義，多分是否異門二種勝義，說於色等破勝義生所顯空性，爲異門勝義。此乃假名勝義，實是世俗。說非異門勝義，非所知攝，任何覺慧皆不能緣也，此非彼諸論義。當作是釋，雖眞實勝義是法性境，然亦多說理智心名勝義者，如《二諦論》云：「由無欺誑故，正理名勝義。」《中觀明論》云：「言勝義無生等，當如是許，由正聞思修所成諸慧，一切皆是無倒心故，同名勝義。是此（心）之勝義故。」理智有二，謂聖根本無分別智，與依正因量度眞實之有分別理智等。《分別熾然論》說：勝義中有無分別智與隨順慧二種之意趣，與《中觀明論》說二種勝義之意趣相同。故解二種勝義，不約心說，唯約境勝義說，非是論義。其中初者，能於自境頓斷實有與二相戲論，是眞勝義。經說超過一切戲論，義亦指此。第二、雖於自境能滅實有戲論，而不能滅二相戲論。由與出世勝義行相相順，故名隨順勝義。於色等法破勝義生等之境勝義，亦可作二種解釋，謂空性境於無分別理智之前，是離二種戲論之眞勝義，於有分別理智之前，則僅離一分戲論，故非離二種戲論之眞勝義，非說非眞勝義諦也。以是實空，除於少分慧前能離一切二相戲論外，多不能離一切二相戲論。有說：凡勝義諦，須離一切二相戲論，非論義也。理成如幻派說：五蘊事與實空相，二事合聚，唯理智比量所成立義爲勝義諦者，亦是隨順勝義，非勝義諦。其以離實有一異相，成立芽等無實相，於有無實有未斷疑之智者，不能成立彼義。於已斷疑者前，彼因亦不成正因。《中觀明論》說：離一異之因法，俱屬但遮。（但遮——僅遮而不表。）說非一異及無一異。任以何作因皆同者，勿作非遮解。由彼論舉喻即可了知。故彼定非靜命父子與獅子賢論師所許也。於所現事破戲論中有遮表二義，任何大中觀師，亦不許唯比量，所量之表義爲勝義諦，《菩提道廣論》中說此等建立時，由此道理，亦應詳知。

《二諦論自釋》說破生等爲隨順勝義之後，又云：「由餘亦執眞實。唯字即是攝義。若以正理觀察，則爲世俗。何以故，所遮若非有，遮亦眞實無。」此說餘唯識宗於所遮事，遮遣法我計彼滅空爲眞實有。自宗則說由無所遮法我，故遮彼之滅亦非眞實。故論說破勝義生等爲世俗者，亦是世俗有義，非說是世俗諦。彼釋敘外難云：「如眞實生等，有法現時即便不現，是倒世俗。則破眞實生等，亦成倒世俗，以所遮有法現時彼即不現也。」次答云：非即不現，以與有法體無異故。此說如青色現時，彼之實空亦顯現者，非說無實之但遮，眼等識亦能見，是約非遮而說。此雖實是世俗，其但遮實有之空性爲勝義諦，亦無相違也。《中觀莊嚴論》云：「雖遮勝義生等是正世俗，由與勝義相順，故名勝義。」眞勝義者，遍離有性無性等一切戲論網，此戲論網，如《二諦論自釋》云：「是故此非空，非不空（非）有無，非生非不生，佛作如是說。」又云：「何以故此無戲論，以眞實義遍離一切分別之網，此說分別網爲戲論網。此於現證眞實義之智前乃滅，故此是眞勝義。其未能如是之理智及境，則僅隨順前者，如前已說。又破眞實生等，有能破之理智，與彼所量之二事。說爲正世俗攝之理，亦應於彼上了知。上說離二諦戲論網之理，是多處所共需者也。

酉三、釋二諦數決定。

若法決斷爲虛妄欺誑，則必遮其爲不欺誑，故欺不欺誑，是互遣之相違。此復遍於一切所知互遣而轉，故亦更無第三類法。是故當於所知中，二諦決定。《父子相見經》云：「如是證知世俗勝義，所知亦唯世俗勝義二說。」此說一切所知唯是二諦。《見眞實會》亦云：「所謂世諦及勝義，離此更無第三法。」此中明說二諦決定也。若能善知二諦差別，則於佛語不致愚迷。設若未知，即不能解聖教眞實。此復應如龍猛菩薩所抉擇者而善了知。《入中論》云：「出離龍猛論師道，更無寂滅正方便，彼失世俗及眞諦，失此不能得解脫。由名言諦爲方便，勝義諦是方便生，不知分別此二諦，由邪分別入歧途。」故求解脫者，善巧二諦最爲切要。

卯二、觀之差別。

若備前說修觀資糧，獲得通達二種無我之正見，則當修觀。然觀有幾種耶。曰：此中非說地上諸觀，正說異生位所修之觀。此觀具足分別，有四體性觀及三門觀、六尋求觀。四種，即《解深密經》所說之正思擇等四。具正思擇謂緣盡所有性，最極思擇謂緣如所有性。初中又有周遍尋思、周遍伺察之二。第二亦有尋伺之二義，爲粗細思擇。此如《聲聞地》與《般若教授論》等所說也。三門，如《解深密經》說：一者有相毘缽舍那，二者尋求毘缽舍那，三者伺察毘缽舍那。此三體相，如於無我義，初者但緣所解無我，思惟彼相，不多抉擇。第二、遍於未了法中，爲善了故，思惟抉擇。第三，遍於已了解義，復審觀察。

六種尋求，謂遍尋求義、事、相、品、時、理。既尋求已，復善觀察。其中尋求義者，謂善尋求此文詮如是義。尋求事者，謂善尋求此是內事，此是外事。尋求相有二，謂善尋求此是自相，此是共相，或名共不共相。尋求品者，謂由過失過患門中，尋求黑品，及由功德勝利門中，尋求白品。尋求時者，謂善尋求於過去時已如是生，於未來時當如是生，於現在時，今如是有。尋求理者，理有四種：一、觀待道理。謂諸果生觀待因緣。復由各別門中，尋求世俗、勝義及彼所依。二、作用道理。謂一切法各有作用，如火有燒用等。復善尋求此是其法，此是作用，此法能作如是作用。三、證成道理。謂不違正量成立其義。即善尋求於此義上，有無現、比及聖教量。四、法爾道理。謂火熱性、水濕性等，即彼法性。此當信解世間共許法性、不思議法性、安住法性，不應更思其餘道理。如是安立六尋求者，以瑜伽師所應知事，唯有三種，謂諸文義、盡所有性、如所有性。依第一義立第一尋求。依第二義立事尋求與自相尋求。依第三義立餘三尋求與共相尋求。

初說四種毘缽舍那，其門有三，尋求有六。故三門與六尋求，仍是前四中攝。前說之力勵運轉等四作意，《聲聞地》說是止觀所共。故毘缽舍那中亦有四種作意也。

卯三、修觀法。分三。辰初、明依止修觀之義。辰二、明彼法屬大小乘中何乘。辰三、正明依止修觀之法。

辰初、明依止修觀之義。

《解深密經》說：先修成止，後乃修觀。慈尊諸論：《菩薩地》、《聲聞地》，清辨師、靜天師、蓮花戒之三篇《修次》，及《般若教授論》等，亦多作是說。此等意趣，非說先不緣無我，隨緣一種所緣，生奢摩他已，後緣無我修習，名（進行、做）毘缽舍那。以止觀二道非由所緣分故。《般若教授論》亦說緣二取空性，先生奢摩他，後乃緣彼性，以觀察修，生毘缽舍那故。無著菩薩亦說：緣盡所有性之毘缽舍那，先生止已，後依於止修粗靜行相之毘缽舍那故。又說：彼是內外聖凡所共修之道故。以是若未先得奢摩他今新修者，除專住任何一所緣外，不可於所緣境多相觀察而修。以如前修即能成辦，若如後修必不能成奢摩他故。諸先已得奢摩他者，較但如前安住而修，若能於如所有性或盡所有性隨所修義，以慧思擇觀察而修，其後能引最勝心一境性妙三摩地。如此所成最極有力心一境性妙三摩地前，專住一境不能辦，故稱讚觀察而修也。但此修法，是先求止，後依於止修觀之法，如無我義是一所緣，可作止觀二種不同修法，理由即此。別如觀察上下諸界功德過失，修粗靜行相毘鉢舍那，與以觀慧觀無我義，修無我相毘鉢舍那，尤須引生猛利堅定，斷所治品，乃有力也。又緣盡所有性之毘鉢舍那，非唯斷除煩惱現行，修粗靜相者，即《般若教授論》所說思擇十八界相之觀修，亦是緣盡所有性者。以此爲例，餘凡思擇盡所有義而修觀者，應知皆爾。雖《般若教授論》說於引生緣如所有性止觀之前，先當引生《瑜伽師地論》所說緣盡所有性之止觀。今如靜天與蓮花戒等所許，先修隨一奢摩他已，即可修緣如所有性毘鉢舍那。

辰二、明彼法為大小何乘。

如是次第修止觀法，是依大小何乘、顯密何教而說耶。曰：此是三乘與四宗所共，亦是密乘下三部所共者。各別諸續與注疏論師之所許，《密宗道次第》中已廣說。無上瑜伽部義，《般若教授論》云：「《集密經》云：善觀察自心，諸法住心中，法住空金剛，俱無法法性。」如《楞伽經》云：「當依止唯心，勿觀察外境。」謂經說三種瑜伽地，一緣唯心，二緣眞實，三名無相。初二地中以止修觀修，修習止觀如前解說。緣如所有性生觀之理，亦許相同。自宗則說：無上瑜伽時引生正見，須如《中觀論》說。引生之法，於生起次第與圓滿次第後得位中，雖亦有觀察眞實義之作意，然在已得結身能力之圓滿次第者，於根本定修眞實義，雖亦必須安住見上而修，然不須如餘論所說之觀察也。故於爾時，放捨觀察後，莫併放棄專注正見，修眞實義。可如是修習之理由，此中不便明講，故此僅說餘道須如前修之理由也。

辰三、正明依止修觀法。

若未得無我正見，隨如何修，終非修眞實義，故當先得無我正見。縱有彼見，若修眞實義時，不憶彼見安住見上而修，亦非修眞實義。即先思正見一遍，後便心中都不思惟，亦非修眞實義。即憶正見唯安住見上而修，亦僅是前修奢摩他法，仍非別修毘鉢舍那法之教義。故於無我義，當如上說，以慧觀察而修。若但觀察修，則前所生止或當退失。故當乘奢摩他馬，觀察修習，及時時間雜修安止也。又若觀修太多，住分減少，便當多作止修，恢復住分。若因止修太多，不樂觀察，及不趣觀察內心自然而落住分，則當多作觀修。止觀平均而修，其力最大，當如是行。《修次下篇》云：「若時多修毘鉢舍那，智慧增上，由奢摩他力微劣故，如風中燭，令心動搖，不能明了見眞實義。故於爾時當修正奢摩他。若奢摩他勢力增上如睡眠人，亦不明了見眞實義，故於爾時當修智慧。」如是觀察修時，妄計一切分別皆是執相而破除者，不應道理。實執分別僅是分別之一分，前已數成立故。有見凡是分別所取皆被正理違害者，是理所破太過之損減見，已數成立彼非經義。有說雖於餘法不如是許，若於法性心有所取，則皆是執實之相執。此亦是執錯之過，非凡一切所取皆爾。以希求解脫之異生，皆須以教理多門抉擇眞實義故。設作是念，若修眞實義爲引生無分別者，由觀察慧彼則不生，因果二法須隨順故。曰：世尊於此已明白解答。《迦葉問品》云：『迦葉，譬如兩樹，爲風所吹，互相棖觸，便有火生，其火生已，還燒兩樹。迦葉，如是有正分別，生聖慧根，聖慧生已，還燒分別。』此說分別能生聖慧。《修次中篇》亦云：「如是以慧觀察，若瑜伽師不執諸法勝義自性，便能悟入無分別定，證一切法無自性性，若不以慧觀察諸法自性，唯修放捨作意，彼分別心終不能滅，終不能證無自性性，無慧光故。如世尊說：從正分別，生正慧火，燒分別樹，如鑽木出火。若不爾者，則從有漏出生無漏，從於世間超出世間，有情成佛，從凡成聖，皆不應有。因果二法不相同故。」《釋菩提心論》云：

「若見有分別，彼豈有空性，如來悉不見，能所分別心。若有能所別，彼即無菩提。」此說若執能所分別實有，則無菩提，若謂是破正分別慧，及破能所分別，則彼論中以多門觀察，抉擇眞實，應成相違。以彼二心若佛不見應非有故。又彼論云：「無生與空性，及所說無我，修下劣空性，彼非能修空。」此亦非破緣自性不生之空無我性而修，是遮執彼實有修下劣之空性。如《出世讚》云：「佛說甘露空，爲除一切執，若復執彼空，佛說極可呵。」《寶鬘論》云：「如是我無我，眞實不可得，是故佛俱遮，有我無我見。」此亦是說，我與無我俱非實有，故遮彼二實有之見，非遮無我見。如前引《迴諍論》說，若非無自性，即成有自性故。如是《般若攝頌》云：「菩薩若計五蘊空，行相非信無生處。」《般若經》云：「若行色空無我，亦是行相，非行般若波羅密多。」此亦是說執空等爲實有。若不爾者，則不應說「非信無生處」，以信彼處亦是行相故。又彼經云：「若知諸法無自性，是行般若波羅密。」又云：「若爲無爲黑白法，慧析塵許不可得，於世說預慧度數。」《三摩地王經》云：「若於諸法觀無我，既觀察已善修習，此因能得涅槃果，餘因不能得寂滅。」又《心經》中舍利弗問：菩薩欲行甚深般若波羅密多，當如何學。觀自在菩薩答曰：當觀五蘊自性皆空。與如是等皆成相違。以是當知，如《法界讚》云：「能淨心法門，厥爲無自性。」又云：「由執我我所，便遍計外界，若見二無我，即滅三有種。」《入中論》云：「若見我我所皆空，諸瑜伽師得解脫。」故當修無我與無自性也。《修次初篇》云：「入無分別陀羅尼云：由無作意斷色等相。」此中意說，以慧觀察，見無所得，即不作意，非說全不作意。入無想定，暫伏作意，非能永斷無始時來色等貪著。凡佛經中說修不作意能斷相執者，皆是先以觀慧觀察，見無塵許實執所緣。即於此所解義，安住正定。《修次中篇》亦云：「又於內心亦當尋思了解爲空，次更尋思能了解心所有自性，亦知其空。由是了解，便能悟入無相瑜伽。此顯要先觀察方能悟入無相，亦明顯說，若唯棄捨作意，及不以慧觀察法性，則定不能悟入無分別性。」此引《寶雲經》說：要先如理觀察。故若未得眞實義見，則定不能於眞實義無分別轉。《修次下篇》亦說：經中宣說不可思議超心境等，是破妄執，唯聞思慧，能證深義。故說彼義唯聖內證，餘人難思。又爲破除非理思惟執甚深義以爲實有，非破觀慧如理觀察，若破此者，便違無量聖教正理。又云：「此修雖是分別爲性，然是如理作意爲性，故能出生無分別智。樂此智者當修彼修。」當知此等是破支那堪布說雖不以教理抉擇眞實，求得正見，只要全不作意而住，便能通達眞實，最爲切要。

如是修法，昔諸道次教授中亦有說者，如博朵瓦《碑崩論》云：「有於聞思之時，以理抉擇無性，修時唯修無別，如是非眞對治，別修無關空故。是故修時亦以緣起離一異等，修何即當觀察，亦略無分別住。此修能治煩惱，覺窩弟子所許。欲行到彼岸法，此即修慧方便。又先修人無我，次法如是隨轉。」覺窩亦云：「由何得證空，如來記龍猛，現見法性諦，弟子名月稱，依彼傳教授，能證法性諦。「此引導法，如覺窩《中觀教授》所說，與蓮花戒論師意趣相同，唯稍廣而已。如是修觀時，所有六加行法，正行、結行、中間所應作事，尤應遠離沈掉而修，皆如前應知。

卯四、成觀之量。

由如是善觀察慧觀察修習，乃至未生如前輕安，是爲隨順毘缽舍那，已生輕安，即是眞實毘缽舍那。輕安體性與生起之理，俱如前說。此復已成正奢摩他，未嘗退失，亦有由彼所生輕安，故非略有輕安便足，要由觀修自力能引輕安，方成毘缽舍那。緣盡所有性與緣如所有性之二種毘缽舍那，此理相同。如《解深密經》云：「世尊，若諸菩薩乃至未得身心輕安，於如所思所有諸法內三摩地所行影像，作意思惟，如是作意，當名何等。慈氏，彼非毘缽舍那，是隨順毘缽舍那勝解相應作意。」《般若教授論》亦云：「彼由獲得身心輕安，爲所依止，即於如所善思惟義內三摩地所行影像勝解觀察，乃至未生身心輕安，是名隨順毘缽舍那所有作意。若生輕安，即名毘缽舍那。」若能自力引生輕安，亦能引生心一境性。故由觀修自力引奢摩他，是先已得奢摩他之功德。如是善成奢摩他者，即觀察修亦能助成勝奢摩他。故不應執凡觀察修便令住分減少。

寅三、止觀雙運法。

若未獲得如前成就止觀量時所說之止觀，則無可雙運。故雙運時，必須先已得止觀二法。此復初得毘鉢舍那時，即得雙運。其中道理，謂依先得正奢摩他修觀之力，若時獲得如前奢摩他時，所說不作行，任運運轉作意，即成雙運。《聲聞地》云：「齊何當言奢摩他毘鉢舍那二種和合，平等俱轉，由此說明雙運轉道。答：若有獲得九相心住中第九相住心，謂三摩呬多。彼用如是圓滿三摩地為所依止，於觀法中修增上慧。彼於爾時由觀法故，任運轉道無功用轉，如奢摩他道不由加行，毘鉢舍那清淨鮮白，隨奢摩他調柔攝受。齊此，名為奢摩他毘鉢舍那二種和合，平等俱轉，由此名為奢摩他毘鉢舍那雙運轉道。」《修次下篇》云：「若時遠離沉掉，平等俱轉，任運轉故，於眞實義心最明了，當緩功用而修等捨。當知爾時是名成就奢摩他毘缽舍那雙運轉道。」是從得眞實毘缽舍那之界限而立。《般若教授論》云：「其後即緣有分別影像。若時彼心無間無缺作意相續，雙證二品，爾時說名止觀雙運轉道。止觀爲雙，運謂具足，即互繫而轉也。」言無間缺，謂不須放置觀修，別修無分別住，即由觀修便能引生無分別住。雙證二品，謂證緣無分別影像之奢摩他，與緣有分別影像之毘缽舍那。言相續者，謂觀察之觀與觀後安住之止，二非同時。然以觀力引生眞實奢摩他時，則緣如所有性擇法之觀，與專住如所有性之三摩地止，相應俱轉。爾時止觀和合，即所謂平等俱轉。然此要得修所成慧後始有。若僅不壞無分別止，兼能觀無我空義，猶如小魚游靜水中，只可說是止觀隨順，全無眞實止觀雙運之義也。

如是止觀雙運之理，當知如彼清淨教典所說。餘增益說不可憑信。《菩提道次第》之正理抉擇、教證、修法，俱如《廣論》，應知。

今者於攝道之總義，略爲說之，最初道之根本，於依止善知識之理趣，當淨治之。次於閑暇生起無僞。欲取精實，以是修習，由內懲誡，爲生此故，宜修暇滿諸法。次若未反求現世之心，則於後世不生猛利之希求，故於身不久住之無常，及死後飄流惡趣之理，應勵力修習。爾時以生眞實怖畏之念，於三寶功德，心生至誠之決定，而住共同皈依之律儀，於共學處而勤修學。次於一切白法根本之業果，由多門中生起深忍之信，令其堅固，以致力於善不善之行止，而當恆住於四力之道。如是若將下士諸法類貫入其心，更多思惟生死總別之過患，從總生死，遮止其心。次知生死從何而起之因，是爲惑業，而生起眞實欲斷之心，總於能脫生死三學之道，別於自所受之別解脫戒，當努力焉。如是若將中士諸法類貫入其心，如自墮於海，有情諸母亦皆同爾，而爲作意，修習慈悲爲本之菩提心，如何能生，須當勵力。此若無者，則六波羅密及二種次第等，皆如無基而建樓閣。若於彼稍生一二領受之行相，則以儀軌受戒，於其學處而爲努力，以堅固願心，應聽聞諸廣大行，了知行止之諸界限，於彼而生希求。彼若生者，即以儀軌而受行戒，於成熟自身之六度，及成熟他身之四攝等而修習之。別於根本墮罪，當捨命守護，中下品纏及諸惡作，亦勵力而毋令染，設或有犯，當於還淨而精勤焉。次於後二度特須修學，於修靜慮法善巧已，則修三摩地而於清淨之二無我見，當如何能於身心生起而得之，須知住於見上修習之規，而爲修習耳。於如是之靜慮及慧，施設止觀之名，除於此二更無餘者，是受菩薩律儀已，從彼學處中而出也。此亦須修下下道時，於上道愈起欲得，若聽聞上時，於下愈起欲修也。修彼等時，亦須斷除分別，使心平等，如是若於引導之善知識敬信微薄，是則斷善妙資糧之本，故於依止法須應努力。若於修行勇銳微弱，當修暇滿法類，倘於此世耽著若甚，當修無常及惡趣過患以爲主要。若見於所受制之界限緩慢，則修業果爲主。若於生死厭患微小，則求解脫唯成虛語，當思生死過患。若任何所作於爲利有情之心不猛，是斷大乘之根本，故須修習願心，若受菩薩律儀，於行修學，其執相之繫縛若過堅利，宜用理智破壞執相之所緣，於如空如幻之空性而修習。心若不住所緣而作散亂之僕使，則當修心一境性而爲主要，是諸前賢之所說。由此爲例，諸未說者，如應了知。總之莫成一品，須令身心於一切善品而能安住也。

辛二、別於金剛乘修學之法者，如是於諸顯密共道淨修之後，不應猶豫當入密乘，此道較餘法特爲寶貴，以能速疾圓滿二資糧故。若入彼者，當如《道炬論》所說，於初令師歡喜，較前所說尤須增上，此亦須於彼中所說最下之性相全者，而如是作也。次應先以密部根據所說之灌頂，成熟自己之身心，次於爾時聽聞所受之三昧耶及律儀等了知守護。若犯本最雖可重受，然道之功德，於身心生起極爲留難，故當勵力毋令染汙。粗罪不犯，亦當致力，設有所犯，亦當作諸還淨之方便，此乃修道之根本。彼等若無，如基礎損壞，則樓閣必倒塌也。《文殊根本教王經》云：「能仁於壞戒，不說咒成就。」如是所說等之三種成就，任何亦無也。於無上瑜伽之經中，亦說不護三昧耶，及灌頂下劣，不了眞性，以此三者，雖行修習，任何亦無成就。若不守護三昧耶及律儀而言修道者，是飄流於密法之外。如是能守護三昧耶及律儀於密道而修者，若於下三部，則於有相無相之二種瑜伽以次修學，如於上部則於二種次第瑜伽依次而學焉。以上是唯名言略示轉入密咒之方隅，廣者須於眞言道次第中而知也。若如是學，即是於攝一切顯密扼要之圓滿道體而修學，能於所得有暇具足義利，將佛聖教於自他之身心增廣也。

佛說顯密二種道，於中顯教諸經論，能生無礙大辯才，速得通達爲教授。

又於密教諸共道，亦能光顯淨身心，特於內外大小乘，大乘顯密及諸續。

二次第等所共須，正修妙三摩地法，如智者論已善說，能除行者諸歧途。

爲利諸求解脫者，重著《菩提道略論》，如斯甚深廣行道，是由彌勒與文殊，龍猛無著寂靜天，輾轉傳來三法流，匯歸阿底峽尊者，揉成殊勝之教授。

願此所得諸善根，迴向衆生利樂本，如來聖教久住世，永離一切諸垢染。

謂攝一切佛語之樞要，龍猛無著二大派之準繩，勝士趣入一切智地之法軌，三類士夫修持之次第，宣示一切完全之菩提道次第，是聽聞阿蘭若者，傳內鄔汝巴及傳僅拏瓦相傳之二，并從博朵瓦傳夏惹瓦，及博朵瓦傳多巴諸教授義，從《廣道次》中，此復略攝。

多聞苾芻修斷者宗喀巴善慧名稱，著於具善山也。

吉祥圓滿！

略論卷六竟

菩提道次第略論 附錄

法尊法師譯

子二、別於後二度修學法。分四。丑初、止觀自性。丑二、學止法。丑三、學觀法。丑四、學雙運法。

今初。

經說三乘一切功德皆是止觀之果，大小乘一切三摩地皆於止觀中攝。所言止者，謂內正住已，即於如是善思維法，作意思維，令此作意內心相續。如是正行多安住故，起身輕安及心輕安，是名爲止。總之輕安所持於善所緣心一境性之定，即止自性。觀自性者，經說彼由獲得身心輕安爲所依故，捨離心相。即於如是善思維法內三摩地所行影像，觀察勝解。即於如是勝三摩地所行影像所知義中，能正思擇，最極思擇，周遍尋思，周遍伺察，若忍、若樂、若覺、若見、若觀，是名爲觀。總謂安住止中由觀察所緣之力，引生輕安所持之觀慧，即觀自性。《莊嚴經論》云：「正住爲所依，心安住於心，及善思擇法，應知是止觀。」止觀必須俱修，如夜間觀畫，須燈明亮，復無風動，方能明了見諸色相。隨缺其一便不明顯。如是觀甚深空性，亦須無倒了解眞實之慧及隨欲安住之止，方能明了見眞實義。《月燈經》云：「由止力無動，由觀故如山。」

丑二、學止法。分二。寅初、修止法。寅二、修止量。初又分二。卯初、加行。卯二、正行。

今初。

《入行論》云：「當知具止觀，能摧諸煩惱，故應先求止，不貪世修成。」故當先求修止。復應先備修止資糧。如《莊嚴經論》云：「具慧修行境，謂易得善處，善地及善友，瑜伽安樂具。」易得，謂易得衣食等順緣。善處，謂無猛獸怨魔等惱害。善地，謂不引生疾病。善友，謂具如法良友。瑜伽安樂具，謂遠離喧鬧。是謂隨順處所。修止之人，復須少欲，不求衆多上妙飲食等，略有粗劣便能知足。復不營商謀利，棄捨醫卜等雜務，及與他人往還之因緣。嚴持所受淨戒，思維諸欲過患與無常等理。具備如是止資糧已，於安樂座端身正坐，足結跏趺，雙手定印，先調息等。如是所說加行六法，及下士中士法皆應先修。尤應善修大菩提心。

卯二、正行。分二。辰初、明住心之所緣。辰二、明如何修住心。初又分二。巳初、總明所緣。巳二、此處所緣。

今初。

總有四種所緣，謂周遍所緣，淨行所緣，善巧所緣，淨惑所緣。初中有四，謂有分別影像，無分別影像，事邊際性，所作成辦。就能緣心安立二種影像。初謂有觀察分別之缽舍那所緣，次謂無觀察分別之奢摩他所緣。言影像者，謂非所緣之自相實事，乃是心中所現之影像耳。第三是就所緣境安立，如思維於五蘊中總攝一切有爲法，於四諦中總攝一切取捨所知即於彼中數量決定，是謂盡所有邊際性。如思維諸法本性如是，更無他性，是謂如所有邊際性。第四是就所修果安立，謂由多修止觀之力，便能引生輕安等，成辦所作之果。此四名周遍所緣者，謂此四種非離下諸所緣別有異體，復能遍彼一切所緣也。第二淨行所緣有五，謂多貪者緣不淨，多瞋者緣慈悲，多癡者緣十二因緣，多慢者緣界差別，多尋伺者緣出入息。第三善巧所緣亦有五，謂善巧色等五蘊，眼界等十八界，眼處等十二處，無明等十二緣起，從善業生可愛果爲處，從不善業不生可愛果爲非處。第四淨惑所緣有二，謂從欲界至無所有，觀察下地粗相，上地淨相，暫伏煩惱種子。及修無常等四諦十六行相永斷煩惱種子。

巳二、此處所緣。

《三摩地王經》云：「佛身如金色，相好最端嚴，菩薩應緣彼，心轉修正定。」由緣佛身持心，即是念佛生廣大福。若佛身相明了堅固，可作禮拜供養發願懺悔等修集資糧淨治罪障之田，臨命終時不失佛念。若修密法尤與修天瑜伽相順，利益極多。故當以佛身作所緣境也。此所緣境復有二取法，謂由心新想及於原有佛像想令明顯。前者益大，後者通顯密乘，今如後修。先當求一莊嚴佛像若繪若鑄，數數觀察善取其相，作意思維令心中現。此復當作眞佛身想，不應作繪鑄之像想。惟當於一所緣令心堅住，不可改換衆多異類所緣。先令身相粗分略爲明顯即應專一而修。爾時若觀黃色現爲紅色，欲觀坐相現爲立相，欲修一尊現爲多尊，則不可隨轉，唯應於一根本所緣令心不動。聖勇師云：「應於一所緣，堅固其意志，若轉多所緣，意爲煩惱擾。」以是作意所修身相時，祇要有粗分於心現起，即是獲得所緣境當緣彼而修也。

辰二、明如何修住心。

《辨中邊論》云：「懈怠忘聖言，及沉沒掉舉，不作行作行，是爲五過失。」此說由斷五種過失，修八對治行而修止。初於三摩地起加行時，懈怠是過失。對治此過共有四法。《中邊論》云：「即所依能依，及所因能果。」所依，謂希求三摩地之欲心，此是勤修三摩地之因。能依，謂精進。所因，謂見三摩地功德之信，此是欲心之因。能果，謂輕安，此是精進之果。由依淨信引生希欲，依止希欲發生精進，依精進故引生輕安。故此四法是五過失中懈怠之對治也。

次精進修三摩地時，忘失教授是過失。對治此過當修正念。非僅不忘所緣便足，內心專住所緣境已，要有明了之定解方可。《集論》云：「云何為念？於串習事心不忘為相，不散為業。」謂不忘失所緣境，令心與境串習和合，即念自性。

第三心住三摩地時，掉舉沉沒是過失。對治此過當修正知。由正知力，觀察沉掉為生未生，見沉掉生上者迎頭遮止，中者纔生尋滅，下者亦須生已不久即當斷除。如是沉掉二法為修清淨三摩地之主要障礙。如云：「於明了分沉沒為障，於專住分掉舉為障，故當了知沉掉為修清淨三摩地之主要障礙。」故當善知沉沒掉舉惛沉之行相。其中惛沉，《俱舍》、《集論》皆說所緣不明了，身心粗重為相，是癡分攝。沉沒有粗細二分，粗者，令心黑闇，或於所緣雖未散動，然失明了之力，但澄淨而已。微細沉沒，謂有明淨二分，而於所緣無定解力，略爲低緩。不應誤解沉沒惛沉爲一事，惛沉雖不向餘境流散，而俱無明淨二分。沉沒則有淨分而無明分。如云：「沉沒，謂於所緣心力。放緩，不能明了緣取所緣。雖有淨分而無明了取境之力，即成沉沒。」又云：「有說心不向餘境流散，俱無明淨之惛沉爲沉沒者，不應正理。」由此亦可了知惛沉之相。沉沒從惛沉生，有善無記二性。惛沉是癡分，是不善性或有覆無記性。如是沉沒起時若相微薄，僅起少次，則可策心堅持所緣而修。若沉沒厚，或數數起，則應暫置所修法而修對治。其對治法，如《中觀心論》云：「退弱應寬廣，修廣大所緣。」又云：「退弱應策舉，觀精進勝利。」退弱沉沒之因，謂心太向內攝，或由放緩取境之力心漸低降，或由睡眠惛沉等因心覺黑闇。初之對治，當以觀慧觀察所緣令心廣大。第二對治，應當思維三寶功德菩提心之勝利，人生義大等功德，令心策舉。第三對治，亦應令心策舉，及作意日光等光明相，或以水洗面，或經行等。掉舉者，若心將現親友等可意境，即是微細掉舉。若忽生貪相，即粗分掉舉。《集論》云：「云何掉舉？淨相隨轉貪分所攝心不靜相，障止爲業。」微細掉舉之對治，謂心於境將流動時，即應遮止繫於所緣。粗分掉舉之對治，謂生已即當了知，攝錄其心令住所緣。若此不能治者，則應暫停所修法，思維無常與惡趣苦等，收攝其心。待掉舉滅已復修前事。又《速道論》云：「沉掉之對治，當修風心與虛空相合之教授，及強斷掉舉之教授。」初者，謂想自身臍間有一白點量如雀卵，從頂踊出，與虛空相合，即於彼上令心安住。第二，謂一呼一吸合爲一息，於五息中持心不散而修。次修十息，十五息，二十五息等，漸漸增長，持心不散。或想上風白色，由鼻孔入，漸向下壓。下風黃色漸向上提。於臍間相合，修瓶相風。

僅能了解沉掉之義猶非完足，要修定時以正知力，常時伺察沉掉爲起未起。生此正知之方便因，謂不忘所緣之修正念法，及正念堅固之中常時偵察，心散未散，任持其心。《入行論》云：「住念護意門，爾時生正知。」又說第二因云：「數數審觀察，身心諸分位，總應知彼彼，即護正知相。」沉掉之因，論說共因，謂不護根門，食不知量，不修初夜後夜覺寤瑜伽，不正知住。沉沒別因，謂重睡眠，心於所緣力太緩放，止觀不均，偏修寂止，心相黑闇，不樂緣境。掉舉別因，謂少厭離，心於所緣執力過猛，未串習精進，思親里等令心散亂。

第四如是善修正念正知，沉掉生起雖無不知之過，然沉掉生時若不無間即斷，亦是過失。此不起功用不作行之對治，即是名為作行功用之思。其思雖是於善惡無記隨一之境，驅役內心之心所法。而此處是說沉掉生時，令心斷彼之思也。若心於所緣執持之力太猛，此雖有明了分而掉舉增盛，極難安住。若太不用力過於緩懈住分雖有而沉沒增盛難得明了。故當善忖內心而求急緩適中之界。若覺內心較此再舉便生掉舉，即當較彼略緩。若覺內心齊此而住便生沉沒，即當較彼略高。如是求得安住界已，便於根本所緣，令心明了而住，隨力所能住一時等。又初發業者，修時宜短次數宜多。

第五已斷微細沉掉，心三摩地相續轉時，若起功用作行，反成三摩地之過失。修此對治，謂不作行安住於捨。當知此捨，是捨防護功用，非捨取境之力也。又非凡無沉掉之時，皆可修捨，是於已摧沉掉力時乃修。摧伏之義如《修次中篇》云：「若時已無沉掉，心於所緣能正直住，爾時可緩功用修習於捨，如欲而住。」《聲聞地》云：「令心隨與任運作用。」又捨總有受捨，無量捨，行捨之三。此是行捨。初發業者最初難生無過妙三摩地，故當以六力成九住心，依四作意之次第引生無過三摩地。其六力中初聽聞力，成辦九住心中初內住心，謂由初聞修定教授，隨順所聞令心內住。爾時便覺分別雜念如同懸河。初識分別之相。第二思維力，成辦第二等住，謂先住所緣，由數數思維而修，初得少分相續安住。此時便覺分別如溪澗水，時隱時現，得分別休息之相，此二住心，沉掉時多，正定時少，必須力勵心方能住所緣，故於四作意中是初力勵運轉作意位。第三念力，成辦第三安住，第四近住二種住心，如其次第，於心散亂時能速念前緣令心安住，及初以念力令心不散，從寬泛境漸收其心，使其漸細漸高。此時便覺分別，如潭中水，無違緣時安靜而住，遇違緣時即不能住，對於分別起疲勞想。第四正知力，成辦第五調伏，第六寂靜二心，如其次第，初以正知了知於分別及隨煩惱諸相流動之過患，念心不散，調柔樂修三摩地。次以正知了知散亂之過失，滅除厭修三摩地之情緒，令心寂靜。第五精進力成辦第七最極寂靜，第八專住一趣二心。如其次第，以精進力雖最細分別與隨煩惱，皆能斷除不忍，令心最極寂靜。及由如是精進，令沉掉等初即不起，心能相續住三摩地。從第三至第七，此五住心，住定時雖多，而有沉掉障礙，故是第二有間缺運轉作意位。第八住心時，如大海濤，隨起何分別略修念知對治即自息滅，爾時雖須恆修功力，然沉掉不能爲障，能長時修定。故是第三無間缺運轉作意位。第六串習力，成辦第九等持住心。以於爾時不須專依正念正知，其三摩地亦能任運於所緣轉故。又由爾時既無沉掉爲障，復不須恆依功用，故是第四無功用運轉作意位。

寅二、修止量。

第九住心，仍是欲界心一境性，乃奢摩他隨順作意。若得身心輕安即奢摩他。《莊嚴經論》云：「由習無作行，次獲得圓滿，身心妙輕安，名爲有作意。」所言作意即奢摩他。輕安之相，如《集論》云：「云何輕安？謂止息身心粗重，身心堪能性，除遣一切障礙爲業。」所言粗重，謂於善所緣身心不能如欲而轉。若得彼對治之輕安，則除身心無堪能性能隨欲轉也。如是身心輕安，初得三摩地時，即生微細少分，後漸增盛便成輕安與心一境性之奢摩他，將發衆相圓滿易見輕安之前相，謂於頂上似重而起，非損惱相。此起無間心粗重性即得除滅，能對治彼心輕安性即先生起。依此輕安生起之力，次有隨順身輕安諸風大種來入身中，由此風大遍身轉故，身粗重性皆得除滅，能對治彼身輕安性即得生起。由此力故，身極快樂。由身樂故心輕安性轉復增長。其後，輕安初勢漸漸舒緩。然非輕安永盡，是由初勢觸動內心，彼勢退減，有妙輕安如影隨形，無諸散動與三摩地隨順而起。心踴躍性亦漸退滅，心於所緣堅固而住，遠離喜動不寂靜性。乃是獲得正奢摩他。亦是已得第一靜慮近分所攝少分定地作意。外道諸仙修世間道於無所有以下離欲，及修五種神通等，皆須依止此奢摩他。內佛弟子，以出離心及菩提心之所任持，修無我義證得解脫一切種智，亦要依止奢摩他。故是內外所共之道。略說奢摩他建立竟。

丑三、學觀法。分二。寅初、總明觀資糧。寅二、別明決擇見。

今初。

《修次中篇》說，親近善士，聽聞正法，如理思維，三種資糧。意謂依止彼資糧決擇了解眞實義之正見，引生通達如所有性之毘缽舍那也。如斯正見，要依堪爲定量論師所造之論而求，其能遠離二邊解釋佛經甚深心要義之論師，顯密經中多授記龍猛菩薩。故當依彼論而求正見。印度諸大中觀師，皆推崇提婆菩薩與龍猛菩薩相等，咸依爲量。其能無倒解釋聖父子意趣爲隨應破中觀者，則係佛護月稱二大論師。今當隨彼而決擇聖父子之清淨意趣也。

寅二、別明決擇見。分二。卯初、明染污無明。卯二、尋求無我見。

今初。

《四百論釋》云：「所言我者，謂諸法不依仗他性。若無此性即是無我。此由人法差別爲二，曰人無我及法無我。」此中所破之實執，謂覺非由無始分別增上而立，執彼境上自體成就。其所執之境，即名爲我或名自性。若於人上無彼所破，即人無我。若於眼耳等法上無彼所破，即法無我。若於法上人上執有彼所破，即法我執與人我執。人我執之所緣，即流轉生死者及修解脫道者等名言所詮事，依止諸蘊假立之我。若緣他身之我，執爲有自相，亦是俱生人我執，然非俱生薩迦耶見。若緣自身之我，執爲有自相，則俱是俱生人我執與俱生薩迦耶見。俱生我所執薩迦耶見之所緣，則是俱生心覺有我所之我所、非我之眼等。俱生法我執所緣，謂自他內身所攝之色蘊眼耳等、及內身不攝之山河房舍等。

我執之行相，即緣彼所緣執爲由自相有也。彼二種我執俱是生死根本。《入中論》云：「慧見煩惱諸過患，皆從薩迦耶見生，由了知我是彼境，故瑜伽師先破我。」《七十空性論》云：「因緣所生法，若分別眞實，佛說爲無明，彼生十二支。」

問曰：若二我執俱是生死根本，生死則有異類二種根本，不應道理。答曰：二種我執所緣雖異，行相無別，故無過失。欲斷如是生死根本，須達無我慧。此達無我慧，要與無明我執同一所緣，行相相違，方能斷除。《四百論》云：「若見境無我，能滅三有種。」《釋量論》云：「慈與愚無違，故非眞除過。」此說慈悲雖是無明之對治品，然非同一所緣行相相違，故非眞能對治。法稱師云：「若不破彼境，非能破彼執。」此說須以達無我慧，破除無明我執所執之境，而斷我執。故知生死根本無明我執之眞對治厥爲達無我慧也。

卯二、尋求無我見。分二。辰初、決擇人無我。辰二、決擇法無我。

今初。

二我執生起之次序，謂從法我執生人我執。修無我之次序，則應先修人無我，次修法無我。於人法上所知無我，雖無粗細之別，然所別事，於人則易了解，於法上則難知。如法我執於眼耳上不易了解，於影像上則易了解，故成立無我之因時，以影像等爲同喻也。《三摩地王經》云：「如汝知我想，如是觀諸法。」故當先決擇人無我而修。此雖有多理，但初修業者，觀察四事最爲切要。

初要，謂決定所破。吾人下至重睡眠時亦有我執堅持不捨，彼心即是俱生我執。當觀彼執執何爲我，如何執我。如是審細觀察彼執，便見彼執，非執於身心總聚上假名安立，乃執假立之我爲有自體。彼俱生我執所執之我，即所破法。初若未能直識其我，則亦不能知無我義。靜天師云：「未觸所計事，不知彼事無。」

第二要義，謂決定二品。彼堅固我執所執之我，倘於五蘊上有者，與自五蘊爲一爲異。離此二品，當知更無第三品。以凡有者，不出一異二品故。此依了知一異互違之量而成。《中觀莊嚴論》云：「離於一多外，所餘行相法，決定不得有，此二互違故。」

第三要義，謂破一品。若所執我與五蘊一者，應成一性。此有三過，一所計之我應成無用。二我應成多，三我應有生滅。初過，謂汝所計應成無用，以汝計我原爲成立取捨五蘊之作者，若我與蘊成一體性則離所取之蘊別無能取者故。自性無分之法，不可安立爲異法故。《中論》云：「離於所取蘊，別無能取我，計蘊即是我，汝我成無用。」第二過，謂若我蘊是一者，如一人有五蘊，亦應有五我。或我是一故，五蘊亦應成一。《入中論》云：「若蘊即是我，蘊多我應多。」第三過，《入中論》云：「若蘊即是我，我應有生滅。」由分別假立業果所依之我，雖有生滅亦無過失。但如自所執之我若有生滅，則成自性生滅，此中復有三過。初、不念宿命過，謂不應憶念我於爾時如是生，以念宿生要前後二我是一相續，汝此二我自性各異不依他故。《入中論》云：「所有自相各異法，是一相續不應理。」二、造業失壞過，謂前所造業應不受果，以造業之我未受果前即已謝滅，別無與彼同一相續之我故。以彼自性壞故。三、無業受果過，若謂前我謝滅後我受果者，應未造業即可受果，以他人造業，他人受果故。《入中論》云：「般涅槃前諸刹那，生滅無作故無果，他所造業餘受果。」

由是推察即知我與五蘊非是一也。

第四要義，謂破異品。若所執我與五蘊異者，則離色等五蘊，應有我可得如驢馬相異，離馬有驢可得。然色蘊等一一除後實無我可得。《中論》云：「我異所取蘊，是事終不然，若異應可見，而實不可見。」

依此四義觀察，便知身心上，全無俱生我執所計之我。是為初得中觀正見。若是宿世曾習此見者，覺如獲得所遺珍寶最極歡喜。若先未習今創得者，覺如遺失極可愛物，起大恐怖。若俱無彼二感覺者，則是未能了知所破，或未善破除也。

修習之法，有定中修如虛空，與後得修如幻化之二。初、謂如虛空，唯由遮遣礙觸而立，此亦唯遮自相之我，專一而修，住空見中堅固不動爲主，若覺心相稍低劣時，便應憶念前四觀察，引生定解相續修習。二、後得修如幻者，謂由四相觀察，破自相有之後，次觀餘存何法，便覺行住坐臥一切威儀動作，皆唯分別假立，如同幻事都無自性。又善得人無我見時，雖無俱生我執所執之我，但業果所依之我則非全無。如幻師所變象馬，雖無象馬之體，然有象馬之相。如是現在彼我，本無自性現有自相，唯由分別假立之我，即能作善惡業，受苦樂果，一切緣起作用皆應正理。自性雖空非畢竟無。故非斷見。又一切法本來性空，通達無我慧即如是通達。非是原有自性，後由覺慧安立爲空。故空亦非由慧所作。又一切法皆非實有，非一分空，一分不空，故亦非少分空。故修一切法皆無自性，即執一切法爲實有之對治也。

辰二、決擇法無我。分二。巳初、決擇有為法無自性。巳二、決擇無為法無自性。初又分三。午初、決擇色法。午二、決擇心法。午三、決擇不相應行。今初。

先當觀察自身，心中堅執爲我身者，究執何物爲身，如何執著。

非於骨肉五支和集之主執爲分別假立，是於假立境上執有自相成就之身。若果有彼身者，則與色蘊爲一爲異。若是一名此骨肉五支和集之身，是由父母精血和成，如身有五支，則識所托之精血亦應有五支。又如支有五，身亦應有五也。若是異者，則離一一支外，應有身可得，然實不可得。故無如是所執之身也。

午二、決擇心法。

如今日之識，若覺非於上午識及下午識上分別假立，而爲自相有者，則當觀察與上午識及下午識爲一爲異。若是一者，於上午識上應有下午識，於下午識上亦有上午識。若是異者，除上午識與下午識，應有彼識可得，而實不可得。故無如彼所執之識也。

午三、決擇不相應行。

例如一年有十二月，若覺非唯分別假立，而有自相之年者，應觀彼年與十二月爲一爲異。若是一者，如月有十二，年應有十二，以年與各月皆成一體故。若是異者，除十二月後應有年可得，而實不可得也。

巳二、決擇無為法無自性。

如虛空界，亦有四方及中央。若覺虛空非於諸方分上分別假立，而是有自性者，應觀虛空與彼諸分爲一爲異。若是一者，諸分成一，東方虛空與西方虛空，亦應成一。則東方空中降雨，西方空中亦應降雨。過失甚多。若是異者，則除虛空諸分之後，應有虛空可得，然實不可得。是故虛空非有自相。

又一切法皆唯名言分別假立，都無少許自性可得，如於繩上妄執爲蛇，較易了解。如黑闇時，見繩盤聚宛如眞蛇。便覺此處有蛇，頓生怖畏。爾時彼繩一一部分，皆非有蛇，諸分積聚亦無有蛇，離繩諸分及積聚外亦無有蛇。然由見繩便生是蛇之心全無相違。故彼繩上之蛇，唯由錯亂分別所假立也。如是眞蛇亦唯分別假立，非自性有。是由見蛇諸蘊而起蛇覺。若觀色蘊一一部分，及彼積聚，皆無有蛇，離彼諸分及積聚外亦無有蛇。然於蛇蘊唯由分別假立爲蛇則不相違。

問曰：如於繩上畢竟無蛇，則於蛇蘊亦應畢竟無蛇，以彼俱是分別假立，尋求實蛇不可得故。答曰，無過，彼二雖同是分別假立，以理智尋求無可獲得，然由分別假立，可否安立爲有，則不相同。以於繩上分別假立爲蛇，不可安立爲有。於蛇蘊上分別假立爲蛇，則可安立爲有。以是分別假立非定是有，如計聲常及人我等。雖是分別假立，然非是有。分別假立雖非定有，然屬有者，則定是分別假立。以有者必是名言有。名言有者，尋求名言假立義時必無可得。尋求假義既無可得，則唯是於無觀察識前，由分別假立爲有也。繩上之蛇，由名言中無故成畢竟無。蛇蘊上之蛇，由名言中有故非畢竟無。以繩上之蛇，世名言量即能違害，蘊上之蛇，世名言量不能害故。

合上法喻，如繩非是蛇，喻五蘊非我。如依於繩而生蛇覺，喻依五蘊而起我想，如依盤繩而現蛇相，喻依五蘊有我相現。如依繩現蛇而蛇非有，喻依五蘊有我相現，而實非有。此即我無自性義。

又如繩上雖畢竟無蛇，然由見繩爲蛇故，生大怖畏，如見眞蛇。如是依自五蘊所見之我雖非實有，然由分別假立之我，於行住坐臥等四威儀中作一切事亦不相違。此即緣起義。如是若見一切法都無自性，即由無自性故便能安立緣起因果。是爲性空現爲緣起義。若見一切法唯由分別假立，緣起因果皆應正理。即由此故便能引生一切法皆無自性之定解。是爲緣起現爲性空義。如云：「此皆自性空，依彼生此果，二決定無礙，更互爲助伴。唯此爲甚奇，唯此最希有。」又由略見緣起如幻，即能破除妄計諸法實有之實執，引生無自性決定解。是爲正見觀察圓滿。如云：「若時二念不分離，由見緣起不欺誑，即破一切所執境，是爲正見觀圓滿。」言不分離者，謂解空智與緣起智，更互相助也。如云：「苗無自性，是緣起故。」此於所破加簡別言，謂無自性，非說苗無。由苗無自性語，即能了知非畢竟無苗，故空能除無邊。又由緣起因故，即知苗是緣起必依待他，既待他成即非自主，既非自主便非自相成就。故現能破有邊。如云：「若知現能破有邊，性空即能遣無邊，性空現爲因果理，一切邊見不能奪。」

如是從色乃至一切種智，皆是分別假立，十地佛果等甚深功德，雖初非世間常人之所安立，然諸佛隨順世間分別安立之理設立彼彼名言，所化衆生即依彼地道等名言，不再觀察，而有名言識轉。若求地道等甚深功德，名言假立之義都無可得。故彼亦唯是名言分別之所假立也。問：若佛假立地道等名，佛意寧非亦有分別。曰：佛身雖無分別，然爲引誘衆生，故順衆生意樂立如是名。以是當知隨應破派一切名言，純係隨順世間建立。如世間俱生心隨其所見不復推究即便取捨，如是隨應破派亦不觀察而立世俗。有解隨順世間之義，謂凡世間愚人所說有無顚倒之事，我亦皆許。是未如實了知之大錯也。又應知隨應破派自宗，於世俗法不分正倒，觀待世間識則分正倒二類。世俗不分正倒者，以世俗諦，眞理與現象必不相符，是顚倒法，無眞正義。觀待世間識分正倒者，如世人說此處有瓶，世名言量不能違害，瓶雖是虛妄法，然亦可立爲有，故觀待世間立爲正世俗。若見一月爲二月，見雪山爲青色。待彼亂識雖是實有，然世間無錯亂，心亦能了知彼是顛倒。故觀待世間立爲倒世俗。由是可知，世間愚人所計之顛倒名言，隨應破派亦不必許其有也。總之，當知生死涅槃一切法，唯是分別假立，都無少許自性。生定解已應善修習。修習之法，即如前說，定中修如虛空之空性，後得修如幻事。若時以觀察力，引生身心輕安彼定即成毘缽舍那。

丑四、學雙運法。

若未先得止觀，則無止觀雙運之事，故修雙運必須先得止觀。此復初得毘缽舍那，亦即獲得雙運。謂由前已得奢摩他爲依止乃修觀察。若時由觀察力獲得無功用運轉作意，即得雙運轉道。如《聲聞地》云：「齊何當言奢摩他毘缽舍那，二種和合平等俱轉，由此說名雙運轉道。答：若有獲得九住心中第九住心，謂三摩呬多。用如是三摩地爲所依止，於觀法中修增上慧。彼於爾時由觀法故，任運轉道無功用轉，如奢摩他道不由加行。毘缽舍那清淨鮮白，隨奢摩他，調柔攝受。齊此名爲奢摩他毘鉢舍那二種和合平等俱轉。由此名爲奢摩他毘鉢舍那雙運轉道。」《修次下篇》云：「若時由離沉掉，平等任運而轉，心於眞義最極明了。當緩功用而修等捨，當知爾時名成止觀雙運轉道。」《般若教授論》云：「其後即緣有分別影像。若時彼心無間無缺相續作意雙證二品，爾時說名止觀雙運轉道。其奢摩他毘鉢舍那是名爲雙。運，謂互相連繫而轉。」無間缺者，謂觀察後不須別修無分別住，即由觀修便能引生無分別住。雙證二品者，謂緣無分別影像之止與緣有分別影像之觀，二品俱證。言相續者，是依觀察修之毘鉢舍那與觀後安住之奢摩他，非同時生，若由觀力引生眞奢摩他，當知此奢摩他時，有緣如所有性之擇法毘鉢舍那，與專住如所有性之三摩地奢摩他，相應而轉。能得如是止觀平等俱轉者，必先已得修所成之智德。故住無分別中略。以觀慧觀無我義，如諸小魚游安靜水。祇可立爲止觀隨順相，非有眞實止觀雙運之義也。

今者於攝道之總義，略爲說之，最初道之根本，於依止善知識之理趣，當淨治之。次於閑暇生起無僞，欲取精實，以是修習，由內懲誡，爲生此故，宜修暇滿諸法。次若未反求現世之心，則於後世不生猛利之希求，故於身不久住之無常，及死後飄流惡趣之理，應勵力修習。爾時以生眞實怖畏之念，於三寶功德，心生至誠之決定，而住共同皈依之律儀，於共學處而勤修學。次於一切白法根本之業果，由多門中生起深忍之信，令其堅固，以致力於善不善之行止，而當恆住於四力之道。如是若將下士諸法類貫入其心，更多思惟生死總別之過患，從總生死，遮止其心。次知生死從何而起之因，是爲惑業，而生起眞實欲斷之心，總於能脫生死三學之道，別於自所受之別解脫戒，當努力焉。如是若將中士諸法類貫入其心，如自墮於海，有情諸母亦皆同爾，而爲作意，修習慈悲爲本之菩提心，如何能生，須當勵力。此若無者，則六波羅密及二種次第等，皆如無基而建樓閣。若於彼稍生一二領受之行相，則以儀軌受戒，於其學處而爲努力，以堅固願心，應聽聞諸廣大行，了知行止之諸界限，於彼而生希求。彼若生者，即以儀軌而受行戒，於成熟自身之六度，及成熟他身之四攝等而修習之。別於根本墮罪，當捨命守護，中下品纏及諸惡作，亦勵力而毋令染，設或有犯當於還淨而精勤焉。次於後二度特須修學，於修靜慮法善巧已，則修三摩地而於清淨之二無我見，當如何能於身心生起而得之，須知住於見上修習之規而爲修習耳。於如是之靜慮及慧，施設止觀之名，除於此二更無餘者，是受菩薩律儀已，從彼學處中而出也。此亦須修下下道時，於上道愈起欲得，若聽聞上時，於下愈起欲修也。修彼等時，亦須斷除分別，使心平等，如是若於引道之善知識敬信微薄，是則斷善妙資糧之本，故於依止法須應努力。若於修行勇銳微弱，當修暇滿法類，倘於此世耽著若甚，當修無常及惡趣過患以爲主要。若於所受制之界限緩慢，則修業果爲主。若於生死厭患微小，則求解脫惟成虛語，當思生死過患。若任何所作於爲利有情之心不猛，是斷大乘之根本，故須修習願心，若受菩薩律儀，於行修學，其執相之繫縛若過堅利，宜用理智破壞執相之所緣，於如空如幻之空性而修習。心若不住所緣而作散亂之僕使，則當修心一境性而爲主要，是諸前賢之所說。由此爲例，諸未說者，如應了知總之莫成一品，須令身心於一切善品而能安住也。

辛二、別於金剛乘修學之法者，如是於諸顯密共道淨修之後，不應猶豫當入密乘，此道較餘法特爲寶貴，以能速疾圓滿二資糧故。若入彼者，當如《道炬論》所說，於初令師歡喜，較前所說尤須增上，此亦須於彼中所說最下之性相全者，而如是作也。次應先以密部根據所說之灌頂，成熟自己之身心，次於爾時聽聞所受之三昧耶及律儀等了知守護。若犯本罪雖可重受，然道之功德，於身心生起極爲留難，故當勵力毋令染污。粗罪不犯，亦當致力，設有所犯，亦當作諸還淨之方便，此乃修道之根本。彼等若無，如基礎損壞，則樓閣必倒塌也。《文殊根本教王經》云：「能仁於壞戒，不說咒成就。」如是所說等之三種成就，任何亦無也。於無上瑜伽之經中，亦說不護三昧耶，及灌頂下劣，不了眞性，以此三者，雖行修習，任何亦無成就。若不守護三昧耶及律儀而言修道者，是飄流於密法之外。如是能守護三昧耶及律儀於密道而修者。若於下三部，則於有相無相之二種瑜伽依次修學，如於上部則於二種次第瑜伽依次而學焉。以上是唯名言略示轉入密咒之方隅，廣者須於《眞言道次第》中而知也。若如是學，即是於攝一切顯密扼要之圓滿道體而修學，能於所得有暇，具足義利，將佛聖教於自他之身心增廣也。

佛說顯密二種道　於中顯教諸經論
能生無礙大辯才　速易通達爲教授
又於密教諸共道　亦能光顯淨身心
特於內外大小乘　大乘顯密及諸續
二次第等所共須　正修妙三摩地法
如智者論已善說　能除行者諸歧途
爲利諸求解脫者　重著菩提道略論
如斯甚深廣行道　是由彌勒與文殊
龍猛無著寂靜天　展轉傳來三法流

匯歸阿底峽尊者　揉成殊勝之教授
願此所得諸善根　迴向衆生利樂本
如來聖教久住世　永離一切諸垢染

謂攝一切佛語之樞要，龍猛無著二大派之準繩，勝士趣入一切智地之法軌，三類士夫修持之次第，宣示一切完全之菩提道次第，是聽聞阿蘭若者，傳內鄔汝巴及傳僅拿瓦相傳之二，并從博朵瓦傳夏若瓦及博朵瓦傳多巴諸教授義，從《廣道次第》中，此復略攝。

多聞苾芻修斷者宗喀巴善慧名稱著於具善山也

吉祥圓滿！

略論附錄竟

國家圖書館出版品預行編目資料

菩提道次第略論 / 宗喀巴大師作 ; 大勇法師講譯 ;
法尊法師補譯 ; 昂旺朗吉口授校正. — 2版.
—臺北市 : 方廣文化, 2006[民95]
面 ; 公分. —(方廣密宗系列 ; 5)
ISBN 978-986-7078-05-6(精裝)
1.藏傳佛教-宗典及其釋
226.962 95005522

菩提道次第略論

作　　者：宗喀巴大師
譯　　者：大勇法師講譯 法尊法師補譯
　　　　　昂旺朗吉堪布口授校正
出　　版：方廣文化事業有限公司
住　　址：106 台北市大安區和平東
◎地址變更：2024年已搬遷
通訊地址改爲106-907
台北青田郵局第120號信箱
(方廣文化)
電　　話：886-2-2392-0003
傳　　真：886-2-2391-9603
劃撥帳號：17623463 方廣文化事業有限公司
網　　址：http://www.fangoan.com.tw
電子信箱：fangoan@ms37.hinet.net
出版日期：西元 2012 年10月 2版2刷
定　　價：新台幣400 元(精裝)
經 銷 商：飛鴻國際行銷有限公司
電　　話：886-2- 8218-6688
傳　　真：886-2- 8218-6458
行政院新聞局出版登記證：局版臺業字第六〇九〇號
ISBN：978-986-7078-05-6
No.M006
Printed in Taiwan

方廣文化出版品目錄〈一〉

夢參老和尚系列
書籍類

● 華 嚴

H203 淨行品講述
H224 梵行品新講
H205 華嚴經普賢行願品講述
H206 華嚴經疏論導讀
H208 淺說華嚴大意
HP01 大乘起信論淺述
H209-1 世主妙嚴品(上冊)《八十華嚴講述》

● 般 若

B401 般若心經
B406 金剛經

● 地藏三經

地藏經

D506 地藏菩薩本願經講述(全套三冊)
D516 淺說地藏經大意

占察經

D509 占察善惡業報經講記(附HIPS材質占察輪及修行手冊)

大乘大集地藏十輪經 D507(全套六冊)

D507-1 地藏菩薩的止觀法門(序品 第一冊)
D507-2 地藏菩薩的觀呼吸法門(十輪品 第二冊)
D507-3 地藏菩薩的戒律法門(無依行品 第三冊)
D507-4 地藏菩薩的解脫法門(有依行品 第四冊)
D507-5 地藏菩薩的懺悔法門(懺悔品 善業道品 第五冊)
D507-6 地藏菩薩的念佛法門(福田相品 獲益囑累品 第六冊)

方廣文化出版品目錄〈二〉

夢參老和尚系列

書籍類

●楞嚴

LY01 淺說五十種禪定陰魔 —《楞嚴經》五十陰魔章

●天台

T305 妙法蓮華經導讀

●開示錄

S902 修行

Q904 向佛陀學習

DVD

D-1A 世主妙嚴品《八十華嚴講述》(60講次30片珍藏版)

D-501 大乘大集地藏十輪經(上下集共73講次37片)

D-101 大方廣佛華嚴經《八十華嚴講述》

(繁體中文字幕 全套482講次 DVD 光碟452片)

CD

P-05 金剛般若波羅蜜經(16片精緻套裝)

錄音帶

P-02 地藏菩薩本願經(19卷)

方廣文化出版品目錄〈三〉

地藏系列

D503 地藏三經
(地藏菩薩本願經、大乘大集地藏十輪經、占察善惡業報經)

華嚴系列

H201 華嚴十地經論
H202 十住毘婆沙論
H207 大方廣佛華嚴經 (八十華嚴) (全套八冊)

般若系列

B402 小品般若經
B403A 大乘理趣六波羅蜜多經
B404A 能斷金剛經了義疏 (附心經頌釋)
B408 摩訶般若波羅蜜經 (中品般若) (全套三冊)

天台系列

T302 摩訶止觀
T303 無量義經 (中摺本)
T304 觀普賢菩薩行法經 (中摺本)

部派論典系列

S901A 阿毘達磨法蘊足論
Q704 阿毗達磨俱舍論 (全套二冊)
S903 法句經 (古譯本) (中摺本)

瑜伽唯識系列

U801 瑜伽師地論 (全套四冊)
U802 大乘阿毗達磨集論
B803 成唯識論
B804 大乘百法明門論解疏
B805 攝大乘論暨隨錄

憨山大師系列

HA01 楞嚴經通議 (全套二冊)

方廣文化出版品目錄〈四〉

密宗系列

M001 菩提道次第略論釋 (全套四冊)
M002 勝集密教王五次第論
M003 入中論釋
M004 大乘寶要義論(諸經要集)
M006 菩提道次第略論
M007 寂天菩薩全集
M008 菩提道次第廣論
M010 菩提道次第修法筆記
M011 白度母修法(延壽法門修法講解)
M012 中陰：死亡時刻的解脫

能海上師系列

N601 般若波羅蜜多教授現證莊嚴論名句頌解
N602 菩提道次第論科頌講記
N345 戒定慧基本三學
N606 能海上師傳
N607 現證莊嚴論清涼記
N608 菩提道次第心論

論頌系列

L101 四部論頌
(釋量論頌 現證莊嚴論頌 入中論頌 俱舍論頌)
L102 中觀論頌 (中摺本)
L103 入菩薩行論頌 (中摺本)
L104 彌勒菩薩五部論頌
L105 龍樹菩薩論頌集
L106 中觀論頌釋
R001 入中論頌 (小摺本)

方廣文化出版品目錄〈五〉

南傳佛教系列

SE01 內觀基礎
SE03 阿羅漢的足跡
SE04 緬甸禪坐
SE05 七種覺悟的因素
SE06 南傳大念處經(中摺本)

其他系列

Q701 單老居士文集
Q702 肇論講義
Q703 影塵-倓虛老法師回憶錄
Q705 佛學小辭典 (隨身版)

方廣文化事業有限公司
http://www.fangoan.com.tw